Abbonati a DeepL Pro per poter modificare questa presentazione.
Visita www.DeepL.com/pro per scoprirne di più.

La via del Maestro
Da innocente a maestro di seduzione

La via del maestro

John Danen

Published by John Danen, 2023.

While every precaution has been taken in the preparation of this book, the publisher assumes no responsibility for errors or omissions, or for damages resulting from the use of the information contained herein.

LA VIA DEL MAESTRO

First edition. September 20, 2023.

Copyright © 2023 John Danen.

ISBN: 979-8224921119

Written by John Danen.

Sommario

Introduzione.

Arrivare in cima non è affatto facile, anzi, è estremamente difficile. Si attraversano innumerevoli problemi e momenti terribili in cui tutto sembra nero, così nero che ci si arrende pensando che non sia possibile.

In questo libro racconterò come raggiungere il successo basandomi sulla mia avventura personale per arrivare dove sono arrivato io, che anche se non è un successo brutale, lo considero un successo. Non parlerò solo dei successi, ma anche dei fallimenti, dei lati negativi, del duro apprendimento, perché ogni volta che si commette un errore c'è un processo di apprendimento, e anche fallendo si va avanti e, dopo molta pratica, si diventa maestri.

La grande lezione dell'intero libro è che bisogna essere un combattente, uno che incassa i colpi, si rialza e va avanti. Un uomo che ha grandi ambizioni e che è quasi sempre insoddisfatto delle sue prestazioni, un uomo che è disposto ad andare avanti a prescindere da ciò che subisce. Un uomo che fa così può arrivare alla fine della strada.

Nel libro "Como materializar lo que deseas con el fxxxxxx Power" spiego in modo dettagliato e impersonale i passi da seguire per raggiungere il successo, in questo libro vi racconterò quello che è stato il mio intero percorso, i momenti belli e brutti che ho attraversato. Vi darò le chiavi e le competenze che dovete acquisire, estraendo gli insegnamenti da ogni situazione che ho vissuto. Spero che vi ispiri a seguire il vostro percorso e ad arrivare dove volete, spero in un posto molto alto.

La durezza della vita.

È vero, la vita è terribilmente cruda. Quasi nessuno arriva da nessuna parte in modo decente, molti non hanno nemmeno un progetto, quelli che sono la stragrande maggioranza, non arrivano da nessuna parte, perché hanno una vita predefinita, che è quella assegnata loro dal sistema. Tra coloro che hanno una visione chiara di dove vogliono andare, alcuni, quelli che sono determinati a trasformare la loro vita attuale nella loro vita ideale, ci arrivano.

Il tempo passa e spesso le vostre capacità diminuiscono, la vostra forza diminuisce. Naturalmente, non avete il sostegno di nessuno, né della famiglia né degli amici. Nessuno capirà che volete essere un grande flirt, un seduttore. Lo vedranno male o almeno penseranno: "Quest'uomo è pazzo! Quindi come può nessuno capirti o aiutarti, l'unico che hai è te stesso ed è te che devi seguire e che devi compiacere.

Chi non ha una ferma determinazione, chi non è capace di sacrificare gran parte della sua vita per questa causa, chi non riesce a concentrarsi su questo, chi non è capace di un'immensa, dura, assorbente dedizione, fallisce completamente.

I perdenti.

Molte persone si sono arrese al sistema senza nemmeno essere consapevoli di non aver progettato uno stile di vita per se stesse, di aver vissuto una vita di default senza aspirare a nulla. Se non avete un concetto di successo e un'ambizione di realizzazione, nella vostra vita non otterrete altro che un'assoluta mediocrità.

Si muore senza aver vissuto, senza aver raggiunto ciò che si voleva, senza aver realizzato il proprio potenziale.

Sono riconoscibili perché vagano, ma non camminano. Vagano senza meta nella vita, da qui a lì, senza un piano chiaro. Nella loro testa sentono che la vita è un luogo ostile dove la sopravvivenza è sufficiente, e questo è tutto ciò a cui aspirano. A una vita di default, a un lavoro ordinario, a una fidanzata comune, a un'economia che dia loro abbastanza da vivere senza molti lussi. Se non soffrono di privazioni, è sufficiente. Il lavoro che fanno sarà sempre per gli altri, cioè lavoreranno per gli altri, perché non hanno il coraggio e la lungimiranza di mettersi in proprio.

Avere una cattiva area economica influisce sulla vostra autostima e rovina le altre aree. Solo pochi riusciranno a sedurre con questa area negativa, quelli veramente bravi.

La seduzione è ancora più difficile dell'area economica. Ecco perché la maggior parte di loro non ci prova nemmeno.

Ma ci sono alcuni che hanno quello che serve, una dedizione mostruosa, un concetto di sé a prova di fallimento, una convinzione interiore di essere attraenti. Quei pochi che nascono belli e sono richiesti solo per questo, e soprattutto quelli che sviluppano la loro attrattiva grazie all'enorme desiderio di sedurre le ragazze e sono disposti a sacrificare tutto ciò che serve e a metterci l'enorme dedizione necessaria, questi pochi mostreranno la strada agli altri e faranno cose impossibili per tutti gli altri. Cose invidiate al massimo, come stare con tante belle ragazze.

Per me tutti gli altri sono i perdenti, quelli che non ce la fanno, quelli che per quanto guadagnino non sono affatto invidiati, perché le donne che hanno non sono sedotte da loro, ma dai loro soldi. Noi seduttori siamo i vincitori e tutti gli altri i perdenti.

La via del maestro.

Il percorso del maestro è un percorso incredibilmente difficile. La cosa buffa di questo percorso è che quando lo si intraprende non si è nemmeno consapevoli di averlo iniziato, perché di solito il proprio obiettivo non è diventare un maestro di seduzione, ma semplicemente migliorare. Questo percorso viene solitamente intrapreso all'età di 12, 14 o 16 anni.

Penso che ci siano persone incapaci di intraprendere questo percorso, persone che lo rifiutano intellettualmente, considerandolo una cosa negativa. Persone che non vogliono affatto diventare maestri di seduzione. Altri iniziano questo percorso senza rendersene conto, perché ciò che è una piccola cosa oggi sarà il punto di partenza per grandi cose domani, quindi di solito non si sa bene quando si inizia a percorrerlo.

Quello che so è quello che è successo a me, quindi posso dirvi questo. Posso anche dare la mia opinione su come gli altri affrontano il percorso.

Credo che il percorso dell'insegnante inizi in un momento molto lontano nel tempo, quando si è ancora bambini e si inizia a notare e a piacere alle ragazze. Questo può accadere tra i 10 e i 12 anni, e all'età di tredici anni è un imperativo. Il cammino del maestro inizia un lontano giorno della tarda infanzia, quando non si è né bambini né adolescenti, ma una via di mezzo. In quel giorno si inizia a sviluppare questa attrazione per le donne.

Nel mio caso, credo di aver iniziato questo percorso nell'infanzia, perché mi sono sempre piaciute le ragazze. Da bambino, c'erano ragazze che ritenevo molto belle e con le quali immaginavo situazioni in cui ero il loro eroe, le proteggevo e stavo con loro, anche senza sapere bene cosa fare. Nella mia immaginazione ero vicino a loro, in contatto fisico e loro mi ammiravano, mi guardavano molto e io mi sentivo amato. È così che inizia il percorso dell'insegnante. Nell'immaginazione di un ragazzo che è attratto dalle ragazze e vuole piacergli.

Quindi praticamente tutti hanno iniziato questo viaggio, perché sono sicuro che questo è qualcosa che molte, molte persone hanno immaginato e sentito. Praticamente tutti hanno iniziato il cammino, ma quasi nessuno lo ha percorso completamente.

Altri iniziano questo percorso più tardi, ma poiché non so come sia la testa di ognuno, vi dirò cosa ho sperimentato io.

Infanzia.

Come ho detto prima, mi piacevano le ragazze fin dalla più tenera età e sembra che avessi un certo magnetismo e che piacessi anche a loro, almeno un po'. Ricordo che quando avevo quattro o cinque anni mia madre mi portava in terrazza a mangiare. Dall'altra parte della strada, sul balcone vicino, vivevano due bambine di nome Marián e Beatriz, e quando uscivo a mangiare mi vedevano e chiedevano alla madre di uscire anche loro. Io parlavo con loro, ridevo e mi divertivo, e grazie a questo anche queste ragazze mangiavano il loro cibo guardandomi. La nonna ha detto che ogni volta che uscivo a mangiare in terrazza le ragazze si divertivano e mangiavano.

È anche vero che ero abbastanza divertente e spiritoso, ero amichevole e loquace, sapevo far ridere la gente, imitavo le persone e cose del genere, il che mi rendeva abbastanza popolare. Ma questo accadeva quando ero più grande, non sulla terrazza.

Quando avevo circa sei anni, queste amiche hanno detto alla ragazza che mi piaceva che mi piaceva, questo mi ha fatto stare malissimo e piangevo perché mi hanno fatto vergognare molto a dirglielo. Inoltre, c'erano otto o dieci ragazze che lo dicevano tutte davanti a lei, quindi forse sono rimasta un po' traumatizzata, ma non credo nemmeno che sia stato qualcosa di molto grave.

La cosa più importante nel rapporto con le ragazze è stata quando avevo circa 9 anni, quando i miei amici mi portarono a rincorrere una ragazza e a chiamarla bella, non mi piaceva ma lo feci per andare con loro. Si trattava di una ragazza di circa 12 anni, molto più grande di noi. Le narici della ragazza si sono aperte, si è girata verso di noi e ha afferrato me, che ero la più innocente, e, con mia grande sorpresa, mi ha dato uno schiaffo così forte che sono rimasta tramortita. Questo fu davvero un trauma perché lo dimenticai per molti anni e me ne ricordai un giorno a 31 anni. Forse fu questo che mi fece un po' arrabbiare contro di loro. E così, senza saperlo, la base per essere un cattivo ragazzo è stata posta dentro di me, perché questo è stato dimenticato lì, ma ha colpito l'interno. Penso che all'inizio ho avuto paura di loro e poi questo si è trasformato in disprezzo. Penso che tutto ciò che accade sia per una ragione, Dio ha voluto che avessi dentro quel risentimento senza saperlo, che a poco a poco è venuto fuori in un comportamento arrogante e presuntuoso che mi ha dato tante vittorie.

A 31 anni l'intero trauma deve essere venuto fuori e le cose erano già equilibrate in termini di comportamento scorretto da entrambe le parti, quindi potevo ricordare.

E così, facendo più male che bene, li ho ripagati del male fatto.

Quando avevo dodici anni c'era una ragazza che mi piaceva, c'era sempre qualcuno che mi piaceva e naturalmente non osavo nemmeno parlarle, ero timido e insicuro a causa di questo trauma e non ero in grado di fare nulla di speciale, ero uno stupido da manuale. A 12 anni ero sul punto di baciare questa ragazza sulla bocca, solo per averglielo chiesto. Lei mi ha detto di sì, ma quando si è messa davanti a me, non sapevo cosa fare, mi sono spaventato e non ho fatto nulla.

Poi a tredici anni, dopo aver rimpianto per tutto il fottuto anno l'inutilità dell'anno precedente, tornai alla carica e riprovai quello stesso, e questa volta glielo diedi, e sapeva di gloria. Fu il mio primo bacio con la lingua e mi cambiò e mi fece sentire più vincente. Era l'estate del 1983.

Qualità acquisite:

- Desiderio di riscattarsi dagli errori del passato. Si tratta semplicemente di un desiderio di migliorare.
- Osate interagire.

- Abbiate il coraggio di chiedere.

Tutto parte da un desiderio, da qualcosa di cui non si è soddisfatti e che si vuole migliorare, ed è qui che inizia il cammino del maestro. Da quel desiderio, da quell'insoddisfazione, nasce l'azione, un'azione mal fatta, ma pur sempre un'azione. Chi non sa come creare attrazione, si limita a inseguirla stando al di sotto di essa, e l'unico modo per fare qualcosa è chiedere.

Questa è la cosa più semplice e basilare e spesso viene dimenticata. Chi chiede accede direttamente alla chiusura. Spesso dimentichiamo la cosa più elementare: chiedere. Se non ottenete ciò che volete in modo più sofisticato, chiedete. Siate il bambino che piange e a cui viene data la tettarella. Chiedete e a volte vi sarà dato. Se non provate e non chiedete, siete messi male.

Tutto era da fare. Almeno con queste qualità state facendo dei progressi, picchiando voi stessi. È meglio che non fare nulla.

- Desidera migliorare.
- Interagire
- Si richiede che.

Con questo bacio finì la mia infanzia e iniziò la mia adolescenza.

Adolescenza, inizi.

Grazie a questo apprendistato avevo le armi più elementari per continuare ad aggiungere. Così un giorno, nella località di villeggiatura dell'anno successivo, il 1984, dissi a un'altra ragazza che volevo darle un bacio, lei disse di sì e io glielo diedi. Ma con armi così poco sofisticate potevo fare ben poco, e mi mancava un'altra qualità importante: l'audacia di usarle.

L'anno successivo, il 1985, non avevo quel coraggio e, nonostante avessi incontrato innumerevoli ragazze, non avevo le palle per dirlo a nessuna di loro. In questo periodo di apprendistato è stato fatto ben poco.

L'aggiornamento successivo prevedeva l'uso delle armi e io non le ho usate.

È stato un periodo duro, duro, no, molto duro. All'immenso desiderio di baciare le ragazze e di fare cose con loro si aggiungeva un tremendo bisogno sessuale, che ti faceva essere alla loro mercé, pensavi molto a loro, eri bisognoso e dipendente al massimo, eri sessualmente super frustrato e non sapevi nulla di nulla. È stato un periodo duro, ma poiché non sapevi nient'altro, ti è sembrato bello, perché avevi l'illusione di andare avanti e godevi di ogni interazione.

A poco a poco, le persone si sono svegliate e avete visto come una persona faceva qualcosa con una, un'altra con un'altra, un'altra ancora con diverse. Si praticava e si interagiva a volontà, ma si imparava poco, perché non si capiva nulla di quello che stava succedendo.

Ero simpatico e divertente, cercavo di farle ridere e pensavo di poter piacere loro, tanto che finii per diventare l'animatore del popolo, il bravo ragazzo che cercano per essere a loro agio, ma a causa della sua assoluta mancanza di malizia, dell'ingenuità, dell'innocenza e della timidezza, non riusciva ad attrarre nessuna di loro. Se una era attratta, non la considerava degna della mia attenzione, così inseguiva alcune che mi respingevano e respingeva quelle a cui piacevo.

All'età di 15 o 16 anni mi resi conto di questo errore e decisi di non compiacerle troppo come avevo fatto in precedenza, essendo un ragazzo divertente e allegro, il che va benissimo, ma non basta per farle piacere, non avendo la malizia del cattivo ragazzo, quello che le fa soffrire con la sua cattiveria e malizia. Me ne sono reso conto e l'ho applicato abbastanza bene, ma non era abbastanza. Ero tenero, mi piacevano troppo, e quindi vedendole come meraviglie potevo ottenere poco.

In questi anni, a 15 e 16 anni, ho imparato a non compiacermi troppo, a rendermi più interessante e più duro. È stato difficile da imparare, ma l'ho imparato.

Un'altra cosa che ho imparato è a considerarmi un gran figo, a sentirmi superiore a loro a volte, e ne è valsa la pena, ma l'ho applicata solo a quelli che non mi piacevano.

Questo tempo non è stato sprecato, ma è stato parte del processo di apprendimento. È così che siamo arrivati alla fine dei 15 anni con alcuni importanti miglioramenti.

Gli insegnamenti di questi anni che dovete far entrare nella vostra psiche sono:

- Non accontentarli troppo, non fare il pagliaccio, non essere disponibile per loro, accontentarli sempre, in modo che poi vengano portati via da altri cattivi.
- Credere di essere una grande bellezza e piacersi.

Inoltre, a poco a poco, cominciai a individuare le ragazze a cui piacevo, il che era facile, perché grazie alla mia grande bellezza ero molto apprezzato e me ne accorgevo, e nonostante i miei immensi difetti, mi convalidavano per uscire con loro.

Questo è stato un grande miglioramento, ma ha solo messo in luce le mie enormi carenze interne. Racconterò la storia nel prossimo capitolo.

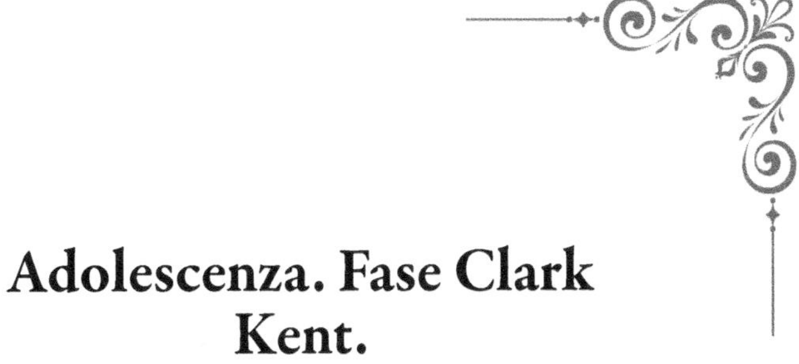

Adolescenza. Fase Clark Kent.

Beh, sì, all'età di 15 e 16 anni ero un ragazzo molto, molto bello, qualcosa di spettacolare, e questo ha accelerato il mio rapporto con le ragazze, perché venivano da me, si presentavano, mi scrivevano lettere d'amore e tutto quello che si può immaginare.

Ho iniziato a capire che il fisico conta moltissimo quando sei davvero sexy. E io lo ero a livelli altissimi. Così, ho detto ad alcune di loro che sarei uscito con loro, ed è diventato chiaro che dietro il mio fisico imponente non c'era altro che un ragazzo codardo.

Avevo paura di loro, pensavo di non saper baciare bene, di fare una figuraccia e che loro avrebbero riso di me, per questo le prime 4 volte che sono uscita con loro non ho fatto altro che dargli un bacetto sulla bocca. Alla fine si stancarono di avere uno stupido e mi lasciarono, il che mi sollevò un po', perché vivevo ogni giorno con paura e stress, ma mi fece anche arrabbiare terribilmente per essermi sentito così stupido. Davo la colpa a loro, invece che a me, per non avermi aiutato di più a baciarli, e sono diventata un po' dispettosa.

Questo perché la seconda ragazza che baciai a 14 anni mi disse che non sapevo baciare, così passai un po' di tempo senza osare baciare nessuna ragazza, come se non si potesse imparare. Mi sono reso ridicolo e ho dovuto vedere come una che usciva con lei mano nella mano e che usciva con me e che io non baciavo perché ero un vigliacco, presto si è messa con una persona molto più intelligente di me. Questa che era una fottuta cazzata, alla fine è stata ottima, perché mi ha dato la cattiva attitudine a stimarle meno e grazie a questo, molto più tardi, a poterle flirtare in massa.

.

Un giorno un compagno di scuola mi presentò alcune ragazze della mia età, fumavano e sembravano molto esperte, mi intimidirono e io ero molto timido, balbettavo persino perché avevo paura di loro. Questo è stato il punto più basso della mia fase di "scemenza perduta". Ero in questa fase perché con quella paura mi ero involuto e non ero né divertente né estroverso, ma un po' spaventato dalle ragazze che sembravano avere 10 anni più di me, perché non uscivo, non fumavo e non bevevo.

Attribuisco questa regressione anche all'iperprotezione dei miei genitori e al trasloco, ma soprattutto alla prima, al fatto che i miei genitori non mi lasciavano fare nulla e mi tenevano come un bambino. Fortunatamente, questa fase orribile sarebbe terminata in brevissimo tempo.

Una volta ho anche rifiutato una ragazza che mi piaceva molto e a cui piacevo. Questo perché ero totalmente influenzato da mia madre che aveva iniziato a criticarla e a sottovalutarla. Questa ragazza era pazza di me ed è stato un vero nonsense rifiutarla, visto che era anche molto benestante. È stata una relazione di più di un anno che è andata a rotoli perché ho dato retta a mia madre. Era la ragazza destinata a essere la fidanzata numero uno e me ne pento! Mi pento di non aver fatto quello che avrei dovuto fare. E questo non tornerà mai più, l'opportunità che si rifiuta non torna mai indietro e la si paga cara in seguito. Questo è stato brutalmente punito dopo, passando attraverso tutte quelle difficoltà che non avrei passato se l'avessi baciata. Se Dio ve lo concede, dovete approfittarne.

La lezione di tutto questo è stata:

- Il fisico, se è brillante, conta molto.
- Le ragazze non prendono l'iniziativa nel baciare o praticamente in qualsiasi altra cosa, dovete essere voi a

prendere l'iniziativa.

- Essere incazzati (per essere così inutili o altro) è positivo, perché ti fa progredire.
- Bisogna superare le proprie paure. Per andare avanti bisogna affrontarle, cosa che io non ho fatto, ma che è la lezione più importante di quest'epoca.
- Non ascoltate i vostri genitori in tutto.
- Non perdete mai una buona occasione, perché se lo fate sarete severamente puniti.

Adolescenza. Superare le paure più ridicole.

Un giorno, quando avevo 16 anni, ho incontrato un compagno di scuola che conosceva una ragazza di Valencia e voleva presentarmela. Così sono andata e lui me l'ha presentata, e gliene sono grata. Me l'ha presentata perché era di Valencia e, dato che avevo molti legami con Valencia, gli è venuto in mente di presentarmela. Probabilmente aveva visto o sentito parlare di me e questa è stata la scusa per incontrarmi.

L'ho incontrata e quel giorno non è successo altro. Un altro giorno ho incontrato una donna valenciana che era con un'amica. Quel pomeriggio dovevo andare in discoteca e ci andava anche un'amica di nome Isa, così andai con lei.

Quella sera sono stato molto bene, ho lasciato andare le mie inibizioni e ho fatto qualche cubalibra con questa Isa in discoteca.

Non davo particolare valore a questa Isa, la vedevo come una ragazza come tante, né bella né brutta, quindi non ero intimorito, non mi piaceva, non pensavo fosse brutta e non provavo nulla di speciale. E così, senza valutarla troppo e disinibiti dall'alcol, abbiamo raggiunto una buona comunicazione e siamo finiti a parlare molto, a ridere e a divertirci, e questo inevitabilmente, senza volerlo o pianificarlo, mi ha portato a passare l'intero pomeriggio a pomiciare con lei senza sosta. Ho dato spettacolo e quel giorno ho superato le mie ridicole paure di baciare le ragazze e ho smesso di fare il pazzo con loro. Super tardi, per caso e senza cercarlo, ma è andata così. Ho passato una serata fantastica.

La ragazza valenciana scoprì tutto e questo non solo non mi ferì, ma aumentò il mio status e in breve tempo anche lei sarebbe caduta nella mia rete.

Quel giorno feci un altro passo sulla strada del maestro, smisi di essere uno stupido secchione e divenni semplicemente un bello sciocco. Ed essere così bello e stupido era sufficiente per ottenere un sacco di flirt in quei tempi remoti.

Che cosa impariamo qui?

- Impariamo che se non li apprezziamo molto è più probabile che ci piacciano.
- Se siamo disinibiti e divertenti, li attireremo. Il che è stato molto facile grazie al flusso dell'interazione.

Non appena ho smesso di pensare, ho disattivato il cervello e le idee limitanti che mi schiacciavano e ho fatto semplicemente ciò che l'istinto mi chiedeva di fare, ho fatto tutto bene e ho baciato la ragazza nel modo più naturale del mondo. Non ho dovuto superare alcuna paura perché in quel momento non ne avevo. È stato così facile. Non ho pensato a nulla.

Quindi non pensate di agire.

Per riassumere ulteriormente:

- Non date troppo valore alle ragazze.
- Non pensate a loro, all'interazione o a qualsiasi cosa negativa: il pensiero indebolisce il vostro carisma. Nell'interazione fluisci e basta.
- Siate divertenti e disinibiti.

Le prime buone azioni.

A Palma di Maiorca, quando avevo 17 anni, ero in discoteca con centinaia di altri adolescenti provenienti da tutta la Spagna. Andavamo tutti lì per goderci le nostre escursioni dopo aver terminato il 3° BUP.

Sulla pista da ballo c'era una ragazza stupenda, la più bella di tutto il locale. Stava ballando e intorno a lei c'erano almeno 5 ragazzi che la guardavano ed erano chiaramente interessati. Ho detto 5, ma forse erano di più, qualcosa come 7 o 8. Mi sono avvicinato a uno di loro e ho detto: "Cazzo, è sexy!" e lui ha risposto: "Sì, amico, è fantastica!

Rimasi lì per qualche secondo e mi fu molto chiaro che non sarei rimasto lì come un deficiente ad ammirarla, così senza pensarci su, ebbi le palle di andare a parlarle, sicuro di essere determinato e super diretto.

La mia presentazione si è svolta più o meno così.

-Ciao, come sei sexy, sembri la ragazza più sexy del locale, ti ho visto e mi piacerebbe molto conoscerti. Lei rispose

-Valore.

Ho detto

-Usciamo dalla pista.

Venne con me per l'invidia di tutta la cazzo di discoteca, gli ammiratori erano fottuti di non essere i più coraggiosi, e andammo a metterci accanto a una colonna imbottita e lì in un attimo, o le dissi che volevo baciarla, o me lo disse direttamente, o fu fatto facilmente senza dire molto. Inoltre, sembrava felice, felice come me di stare con me. E quella sera stavo limonando con una ragazza molto sexy, per l'invidia di tutta Maiorca.

Dopo questa esibizione molti cominciarono a chiamarmi "il maestro" per un'azione del genere. E sebbene fossi nel paleolitico della seduzione, con il bel viso e il bel corpo che avevo, non appena chiedevo qualcosa, me la davano. Usavo queste armi per fare quello che facevo, che non era una cosa da pazzi, visto che non c'era sesso, ma mi dava un'enorme spinta alla mia autostima.

Insegnamento.

- Abbiate fiducia in voi stessi e provate anche se sono impressionanti, molte volte nessuno osa, e chi lo fa viene altamente ricompensato.
- Se siete molto belli, abusate di questo e con poco fate, ne varrà la pena e verranno con voi.
- Isolatela, separatela dal luogo in cui si trova, se accetta questo, le piacete. L'ho imparato parlando con un altro ragazzo che all'epoca era agli inizi e mi ha insegnato questo trucco. L'ho imparato meravigliosamente e l'ho messo in pratica quella sera per la prima volta.

Bellezza.

A diciassette anni ero ormai determinato e, grazie alla fiducia che questo grande trionfo mi aveva dato, mi dedicai intensamente a cercare di rimorchiare le ragazze.

Grazie a questa dedizione ci ho provato con molte ragazze e con grande facilità, sono arrivato a una marcia in più, molto al di sopra di quella che i ragazzi della mia età erano in grado di sviluppare.

Li prendevo in braccio e poi li disprezzavo come se ognuno di loro fosse responsabile di qualcosa. Ero un bambino arrabbiato che voleva vendicarsi dei brutti momenti passati in precedenza, quando ero timido e buono, e loro avevano pagato abbandonandomi. In fondo ero ancora solo questo, un bambino.

Ora, più sicura di me, ho iniziato a distinguermi. La bellezza ti dà fiducia, la fiducia ti dà i successi e questi a loro volta ti danno più fiducia. Non dovevo nemmeno approcciare molte ragazze, bastava chiedere, e a volte non era nemmeno necessario, erano loro a venire da me; si presentavano, mi chiedevano di uscire, o gridavano il mio nome dicendo "ragazzo sexy" per strada. Mi vedevano e le loro mutande cadevano, mi facevano i complimenti, praticamente dovevo fare ben poco per rimorchiarle.

Ricordo che una volta in discoteca mi hanno presentato un gruppo di ragazze di una gang. Erano così tante che parlavano contemporaneamente e volevano conoscermi che non potevo occuparmi di tutte insieme perché non riuscivo a capire quello che dicevano, così dissi loro di mettersi in fila in modo che potessi conoscerle bene, e si misero in fila sei o sette ragazze.

Usavo la tecnica di entrare, essere gentile e divertente, e subito dopo dire loro di venire in un luogo più intimo con me. Loro venivano e io restavo lì a baciarle per tutto il pomeriggio. A quel tempo avevo una grande concezione di me stesso come bravo ragazzo, grande entusiasmo e dedizione, e questo ha dato i suoi frutti.

Le persone non devono necessariamente iniziare dal livello più basso e salire di livello, ma possono salire più velocemente o iniziare da livelli più alti. Ciò che non si ha è l'esperienza. La classifica che ho fatto in termini di livelli di seduzione si basa sull'esperienza e sulla conoscenza e non tanto sui risultati.

A quel tempo ero stupida nella conoscenza, ma non stupida nei risultati, grazie al grande vantaggio della bellezza. Ebbi molti successi e i risultati non furono affatto sciocchi, ma anzi molto intelligenti. Per l'età ero super intelligente, perché nessuno faceva praticamente nulla, baciare le ragazze in quei tempi remoti era considerato da tutti un maestro.

Stiamo parlando degli anni '80 in Spagna, inoltre vivevo in una città molto tradizionale, dove spesso si arrivava a 20 o 22 anni senza alcuna esperienza. Non eravamo in America, dove alcuni a 13 o 14 anni andavano a letto con le ragazze.

Avendo l'autoconvinzione di essere "il più bello", potevo avvicinarmi a qualsiasi ragazza senza timore. E non solo mi prestavano attenzione, ma alcune di loro non credevano di essere state scelte, perché si consideravano molto inferiori a me. Questo mi ha dato molta fiducia. Se hai questo vantaggio devi usarlo, se non ce l'hai, crea un vantaggio competitivo nella tua testa. Sentendomi al di sopra degli altri, rimorchiavo anche le ragazze più sexy della città con grande facilità.

Avevo questo vantaggio competitivo e questo ha accelerato il processo di apprendimento. Di conseguenza, i progressi sono stati molto più rapidi.

In precedenza, a 14, 15 e 16 anni, ero quasi altrettanto bello, ma la mia timidezza ne pregiudicava la bellezza. Ora a 17 anni ero esultante.

Cosa si può imparare da questo?

- Se avete un vantaggio competitivo, abusate di questo vantaggio mettendolo in testa e acquisendo la sicurezza di vedervi superiori a tutti gli altri.
- Se non avete questo vantaggio competitivo, dovete crearlo artificialmente con i vostri pensieri. Quindi, ripetendo a voi stessi questo vantaggio, pensandoci e credendo ciecamente di averlo davvero, esso si materializzerà nella realtà.

Per esempio, potete credere di essere il più attraente, il più duro o di avere qualcosa di speciale che attrae le ragazze, anche se non siete belli. Questo è molto più difficile rispetto alla vita da dotato che ho avuto, dove la realtà stessa, senza che ci pensassi, mi diceva forte e chiaro che avevo quel vantaggio.

Dovreste anche imparare che i ragazzi grandi e belli non hanno alcun merito, perché conquistano le ragazze solo perché sono belli, e che a volte dietro la loro bellezza non c'è grande saggezza o conoscenza, perché non sono nemmeno attraenti, perché dietro la loro bellezza nascondono grandi insicurezze, come è successo a me.

Essere di bell'aspetto in generale è un vantaggio, ma anche uno svantaggio, in quanto si sviluppa poco carisma.

Quindi, se siete belli avrete il vantaggio di esserlo, mentre se non lo siete avrete il vantaggio di dover sviluppare maggiormente la vostra mente per compensare questa carenza. Non essere belli non è uno svantaggio, è un'opportunità. Certo, è più difficile! Ed è anche più difficile, lo so, è molto più difficile. All'inizio è un enorme svantaggio, ma dietro uno svantaggio c'è sempre un'enorme opportunità. In questo caso l'opportunità è che sarete costretti a creare una personalità attraente. Se riuscite a creare questa personalità attraente, questa sarà molto più solida della grande bellezza, che a volte in pochi anni sparisce, mentre la creazione di una personalità attraente crea un vantaggio molto più solido e rimane anche per tutta la vita.

Se il ragazzo bello non sviluppa altro, non appena smette di essere bello, smette di flirtare. Questo accade perché tende a sentirsi a proprio agio, non è abituato ai no, al rifiuto, a sforzarsi, non vuole sforzarsi perché per lui è un insulto. A volte il suo ego è così alto che le ragazze finiscono per non apprezzarlo. A volte cadono in depressione non appena la loro bellezza diminuisce. Alcuni di loro si rovinano a 25 anni, cadono in depressione e non si risollevano più. Anche alcuni bei ragazzi che non usano troppo le altre armi, finiscono per pensare che il flirt sia una cosa da giovani e nella loro testa, non appena non sono più così giovani, si vedono vecchi e finiti. Quindi, ciò che è ottimo in linea di principio può essere uno svantaggio alla fine, e ciò che è terribile può trasformarsi in un enorme vantaggio. Alla fine tutto dipende da voi, dalla vostra testa, molto più che dalla vostra bellezza.

In definitiva, creare una personalità attraente è un percorso più difficile, ma molto più solido, duraturo e valido, e questa personalità diventa sempre un'arma di gran lunga superiore alla bellezza.

Va anche detto che è difficile per il bel ragazzo non sviluppare altre armi, perché da tanta interazione e contatto con le ragazze, impara più rapidamente come sono e come piacciono, quindi se inizia a pensare e ad analizzare le cose, il bel ragazzo può acquisire saggezza molto rapidamente.

Se il bello è anche intelligente, questo gli darà un vantaggio definitivo e irraggiungibile per gli altri in quel momento. Il bello raggiungerà livelli molto alti molto rapidamente. La bellezza che gli dà un vantaggio non è disponibile per i normali, quindi la sua ascesa sarà molto più lenta man mano che costruisce la sua personalità attraente. Ci vorranno anni prima che raggiunga le prestazioni del bello. Ma non preoccupatevi, sarà più lento ma più sicuro. Il bello un giorno cadrà e anche se ci vorranno decenni per raggiungere il suo curriculum, questa è una corsa a distanza e alla fine, a 80 anni, si dovrà fare un bilancio.

Molto spesso questi bei ragazzi hanno una carriera molto breve, perché trovano subito una bella ragazza di cui innamorarsi e rinunciano alla seduzione. Come ho detto prima, molti non sviluppano altre armi e se la bellezza va in crisi, non sanno come tornare nell'élite.

Godetevi la vostra bellezza se ce l'avete, godetevi la vostra bruttezza se ce l'avete, sono armi diverse ed entrambe vi danno la vittoria se le usate bene.

Dedicazione.

La dedizione vi farà diventare dei seduttori anche con poca bellezza. Usate quest'arma, soffrite ma perseverate, alla fine i belli smettono quasi sempre di flirtare perché sono belli, e o diventano uomini attraenti, o si estinguono.

La dedizione è un'arma lenta, un'arma che odierete, un'arma all'inizio molto inferiore alla bellezza, ma è un'arma cumulativa e a poco a poco aumenterete il vostro potere con essa. Nel corso degli anni otterrete molto di più dall'esperienza acquisita con la dedizione che dall'essere belli. Con la dedizione, la perseveranza, l'instancabilità, alla fine batterete tutti i belli, riderete di loro e li vedrete in lontananza, li vedrete come ricordi remoti di uomini che vi hanno superato e che oggi non sono nessuno, perché sono stati sepolti dagli oceani del tempo, e soprattutto di donne che vi sono piaciute. Finirete per vederli molto, molto al di sotto di voi e finirete per compatirli.

Festeggiate il fatto che i più belli vi superano, almeno avete dei rivali, se seguite il percorso del maestro fino in fondo, alla vetta sarete completamente soli.

Cosa impariamo da tutto questo.

- La dedizione è la nostra arma più lenta, ma alla lunga la migliore, perché dedicandosi e dedicandosi, a poco a poco ci si rende conto di ciò che si fa bene e di ciò che si fa male, si affina la propria personalità, si fa esperienza e infine si diventa un grande flirt senza bisogno di essere belli.

Tu sei il tuo unico rivale.

Un altro passo sulla strada della maestria è quello di rendersi conto che siete il vostro unico rivale.

Smettete di paragonarvi agli altri, di sentirvi migliori o peggiori a seconda che siate più o meno belli degli altri. Se andate con gli stupidi vi distinguerete e vi sentirete i più intelligenti, ma in realtà vi state prendendo in giro da soli. Se andate con persone super intelligenti, penserete di essere stupidi, mentre magari siete tra le persone più intelligenti del posto. Quindi smettete di confrontarvi.

Quello con cui dovete confrontarvi è voi stessi, non con il meglio che avete fatto finora, ma con il meglio che pensate di poter fare. Questo confronto vi riporterà alla triste realtà di rendervi conto che non state facendo praticamente nulla rispetto alle circostanze perfette e al vostro massimo rendimento immaginabile.

Non bisogna martirizzarsi per non essere al meglio, ma essere consapevoli dell'infinito margine di miglioramento che rimane. Il cammino del maestro è una strada lunga e tortuosa, con il massimo dei pericoli e delle difficoltà. Solo se si è determinati si arriva alla fine.

Cosa impariamo qui?

- La vita è una lotta contro le vostre insicurezze, paure e carenze. È questa lotta che dovete condurre per tutta la vita, essendo tutto ciò che è esterno una manifestazione della vostra vittoria o sconfitta in questo campo.

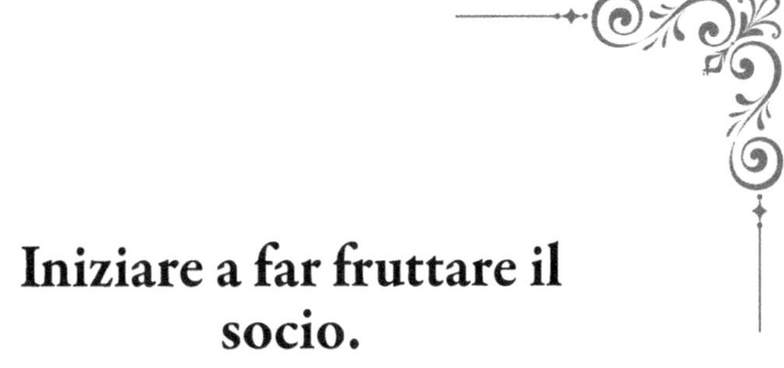

Iniziare a far fruttare il
socio.

Finora nella strada del maestro c'erano stati solo miglioramenti mentali, qualche bacio e poco più, ora arrivò il momento in cui mi resi conto che tutto ciò non mi soddisfaceva affatto e che volevo molto di più. Volevo fare sesso con le ragazze che rimorchiavo, e la verità è che erano super sprecate, perché non facevo molto. A qualcuna ho toccato una tetta, a un'altra ho toccato la figa, ma in modo superficiale, perché non mi ha permesso di arrivare alle labbra, e comunque stavo facendo progressi, certo, ma a diciannove anni non avevo ancora fatto sesso. Un'età molto tardiva per quello che è normale al giorno d'oggi.

Ma una sera ho iniziato la mia carriera in questo campo flirtando anche se non volevo. È stato con una ragazza straniera in un villaggio turistico estivo. Con questa esperienza ho capito che non potevo lasciar scappare le ragazze senza fare sesso, che dovevo almeno provarci, ho iniziato a rendermi conto di cosa mi stavo perdendo perché ero uno stupido.

A quel tempo avevo la convinzione limitante che per fare sesso dovevi avere una fidanzata ufficiale e, se eri fortunato, lei ti avrebbe lasciato fare dopo molto tempo, probabilmente anni. Non c'erano libri, insegnanti, internet, nessuno aveva una cazzo di idea sul sesso o sulle relazioni. L'unica cosa che la scuola, i genitori e la società nel suo complesso ti mettevano in testa era che la verginità era qualcosa di molto importante, e io, abituata a sentire commenti sprezzanti sulle donne che non si concedevano alla verginità, pensavo che tutte le donne, tranne pochissime che venivano disapprovate, la praticassero. La norma era rimanere vergini fino al matrimonio e io pensavo che sarei stata fortunata se fossi riuscita a farlo prima.

Ho pensato che questo fosse l'unico modo ed è lì che mi trovavo, perché avevo una fidanzata e le cose stavano andando molto, molto lentamente, e sembrava che ci sarebbero voluti anni per farlo, se finalmente fosse stato fatto.

Con la ragazza che ho conosciuto al centro estivo, mi sono reso conto che c'erano altre ragazze più libere sessualmente. Essendo straniero, pensavo che queste agevolazioni per il sesso fossero applicabili solo in circostanze molto favorevoli, come i luoghi di festa, e soprattutto agli stranieri, e che difficilmente fossero applicabili alle ragazze spagnole nella loro città d'origine.

Cosa impariamo da tutto questo?

- Impariamo che il sentiero del maestro è un sentiero pieno di ostacoli, questi ostacoli sono le convinzioni limitanti che voi stessi avete perché siete stati programmati in quel modo. Siete programmati per essere stupidi.

Cos'altro impariamo qui?

- Impariamo anche che, attraverso la dedizione e la pratica, la realtà ti dimostra che è reale e che non è una fantasia che hai in testa. Grazie a questa dedizione, almeno ho capito che c'erano circostanze favorevoli in cui potevo andare fino in fondo.

Se mi fossi conformata a quanto stabilito non avrei fatto nulla, e sarei rimasta vergine fino a 23 o 24 anni, come è successo a quasi tutte le mie compagne di liceo.

Le convinzioni limitanti si combattono anche compiendo l'azione opposta a quella convinzione e osservandone i risultati. Molte volte ci si rende conto che ciò che si credeva vero non lo è, e grazie a questa sperimentazione che smentisce la convinzione, questa viene cancellata.

Quello che vi ho raccontato potrebbe farvi pensare che razza di buono a nulla! Non importa, sì, è vero, ero uno sciocco e mi sforzavo di esserlo il meno possibile. Non è stato facile smettere di essere uno sciocco, non è stato affatto facile. A quei tempi, questo passaggio dall'essere uno sciocco al meno sciocco mi dava una grande gioia. Bisogna giudicare ognuno nella sua età, nel suo spazio e nel suo tempo.

Il cammino del maestro è difficile, ma è anche sempre un cammino verso una maggiore conoscenza e un maggiore potere. Tranne quando si entra in un'età molto elevata, dove nonostante l'enorme conoscenza non si riesce a concretizzare bene il potere a causa dello scarso mercato esistente, il cammino del maestro è sempre verso più conoscenza e quasi sempre verso più potere, perché ci sono alti e bassi a seconda della dedizione e dell'illusione del momento, e motivandosi si possono fare anni memorabili anche in età molto avanzate.

Fallimenti immensi che sembravano successi impressionanti.

Nel percorso dell'insegnante ci sono immensi successi che causano grande felicità e, a lungo andare, dolore, nostalgia e soprattutto tanto tempo di apprendimento perso.

Ho conosciuto una ragazza molto bella, molto simpatica, adorabile, commovente. Questa ragazza mi ha dato un grande amore e una felicità assoluta. Questa stessa ragazza ha finito per diventare un enorme ostacolo per me nel mio cammino verso il maestro, perché mi sono innamorato subito, ma, come la vita vuole, alla fine mi sono stancato e annoiato di questa relazione.

Quando avevo 18 anni ho incontrato una ragazza, come ho detto prima, e mi sono innamorato delle frecce di Cupido. Mi innamorai e ritenni di aver concluso la mia minuscola carriera amorosa, perché avevo trovato l'amore della mia vita. E così fu, fu l'amore della mia vita. Nessun'altra donna mi avrebbe mai influenzato tanto o dato tanta felicità quanto questa ragazza. Era meraviglioso, ero entusiasta, lei era totalmente innamorata di me, tutto era super bello, non ho mai più avuto una fidanzata così affettuosa e brava come questa. Così mi sono ritirato completamente dalla seduzione, molto felicemente.

Ma, a poco a poco, questa felicità è svanita come fumo nel vento, e dal desiderio di stare con lei, la mia passione alla fine si è trasformata nello stare con tutti tranne che con lei, a causa della disillusione.

Questa ragazza è diventata molto monotona e depressiva. Ho iniziato a capire che c'erano altre ragazze molto più interessanti e ho ripreso la mia produzione di pick-up anche quando ero con lei.

Cosa impariamo qui?

- Più amore proviamo, più dolore avremo in seguito.
- Che tutto cambia, niente rimane uguale, in genere le cose in amore peggiorano, a meno che non si faccia uno sforzo enorme, e anche in quel caso.

L'amore uccide.

Sul sentiero del maestro si commettono errori, e non è perché li si è commessi che li si corregge e quindi si fanno sempre le cose per bene. No! Gli errori si ripetono anche se si conoscono bene le cose, ecco perché questo sentiero è così difficile, perché si inciampa molte volte sulla stessa pietra.

Questo inciampo è una cosa naturale, perché una ragazza bella e simpatica si indebolisce davvero, quindi è naturale cadere. Queste ragazze possono bloccare la vostra produzione, e lo fanno, parecchie volte. Per quanto possa sembrare incredibile, anche loro fanno parte del percorso del maestro.

Si inciampa nell'amore diverse volte e non si è mai completamente immunizzati.

Dopo questo bellissimo amore arriva la stanchezza, poi la felicità di tornare sul mercato anche se si è stati coinvolti in quell'amore, e infine la rottura, che sebbene si pensasse di essere già forti e indipendenti, è più difficile di quanto si pensasse; e spesso si è molto dolorosi e tristi anche se è successo esattamente quello che si voleva. Questo accade perché siete stati più morbidi di quanto pensavate.

Sul sentiero del maestro, l'amore è qualcosa che vi rallenta, vi indebolisce e vi fa perdere molto tempo. Alla fine fa male e lascia in uno stato terribile.

Ma se non ci sei mai caduto, non conosci momenti di grande felicità, né il vero dolore, allora l'amore ti colpisce e cadi ferito, ma dopo qualche mese, o più spesso anni, ti rialzi e torni a essere te stesso.

Dopo tante sofferenze ci si ritrova di nuovo, ma questa volta molto più temprati, più duri e determinati a non cadere più nelle sue terribili grinfie. Dovrebbe essere sempre così, ma a volte si fa anche una brutta figura, sentendosi in colpa, e questo sarà catastrofico.

L'amore è il nemico del seduttore e solo l'amore e la morte possono fermare la produzione. La morte la blocca, l'amore la rallenta ma non la ferma, e presto, come l'acqua arginata che non scorre, la diga tracima, o si rompe del tutto, e il fiume torna al suo corso naturale.

Cosa impariamo qui?

- Impariamo che, sebbene l'amore sia molto bello e meraviglioso quando lo si vive, a lungo andare finisce per essere un enorme problema e si passa dall'illusione alla noia. È difficile uscirne e tornare a se stessi. Ci si può cadere diverse volte, ma ci si rialza sempre e si continua la produzione. Chi si blocca non finisce mai il percorso del maestro.

- Più si è giovani, credo che si sia più morbidi, perché tutta la programmazione sul romanticismo, sull'amore, sulla famiglia, è più presente nella nostra testa. Ecco perché penso che molte persone si suicidino in età molto giovane, come a 15, 18, 21 anni, quando l'amore sembra essere l'unica cosa importante nella vita. A causa dell'amore molte persone sono morte, soprattutto uomini. L'amore può uccidere.

Il falso sé.

Nel percorso del maestro ci sono momenti di grande meraviglia e maestria e momenti di assoluta inutilità, frutto, come dico sempre, della programmazione mentale ricevuta. In realtà, finché non riesci a creare la tua personalità e a essere il vero te stesso, sei appesantito da tutta questa merda che ti mettono in testa, e praticamente, almeno nel mio caso, fino a quasi 30 anni, non avevo la testa al posto giusto. Pensi di essere tu a pensare e a sentire, ma è un io artificiale che la società ha creato. Finché non vi liberate di questo falso io, con falsi sentimenti e falsi gusti, non siete veramente voi. Di solito non ci si riesce finché non si subiscono le dure conseguenze degli atti dolorosi di questo io iniziale.

Molti non riescono mai a liberarsene, altri se ne liberano a 30 anni perché hanno fatto molta pratica, la maggior parte delle persone non è più se stessa fino a 40 o 50 anni.

Alla fine, quasi sempre dopo una dura battuta d'arresto, emerge il vero sé e si scartano tutte le convinzioni dannose che si avevano.

La tremenda debolezza di questo io artificiale mi causerebbe enormi problemi.

Nel mio caso è successo che, fortunatamente, quando stavi andando così male con la testa, non è stata la ragazza a mettermi al mio posto, ma la vita stessa. Ti sei già allontanato così tanto dalla strada del tuo maestro che lo shock che ricevi è così grande che finalmente ti raddrizzi e ti metti sulla strada giusta per la prima volta nella tua vita.

Verso i 22 e i 23 anni mi sono liberato di questo falso io e sono stato la mia creazione di successo, il che è stato una meraviglia ed è successo quello che racconterò nel prossimo capitolo.

Cosa impariamo qui?

- Se volete avere successo, dovete costruire un nuovo sé più potente, perché il sé predefinito è frutto di una programmazione errata.
- Questo cambiamento è positivo, ma se il vecchio sé viene a galla provoca un dolore tremendo.

Partner stressanti.

Durante le vacanze estive, dall'88 in poi, ma soprattutto dal 92 in poi, quando fu fondata l'organizzazione dei flirt professionali tra i flirt più intelligenti, si imparò molto e si flirtò molto, ma fu davvero un apprendistato molto duro e stressante.

A quel punto ne avevo abbastanza di fidanzate ed ero libero dalla fedeltà. Tutti i flirt e i non flirt si incontravano nella località estiva di Benicasim. Noi flirtatori, quelli dell'O.L.P. (Organizzazione dei Flirtatori Professionali), ci dedicavamo a flirtare a tutte le ore, la mattina, il pomeriggio, la sera, uscivamo praticamente tutti i giorni. Non c'era un momento in cui non guardassimo una ragazza o non pensassimo di flirtare con lei. E così passavano le estati.

L'aspetto negativo di tutto questo è che, a parte la tensione che voi stessi avevate a causa dell'enorme desiderio di flirtare, i vostri compagni non facevano altro che stressarvi ancora di più, perché la competizione era molto grande e qualsiasi cosa andasse storta, o qualsiasi interazione che non andasse bene, veniva ridicolizzata e criticata da tutti. Anche i successi che avete avuto sono stati ridicolizzati e criticati da alcuni, per cui hanno dato nomi ridicoli non solo a quelli che ho raccolto io, ma anche a quelli che ha raccolto chiunque altro.

"La morcilla", "la loca", "el monstruo", "Nenuco", "Elenana", questi nomi venivano spesso dati a ragazze molto sexy, come "la morcilla", che si chiamava così perché era vestita di nero ed era una ragazza molto sexy, ma molto sexy. El monstruo, perché era una ragazza grande e grossa,

Elenana, perché si chiamava Elena ed era un po' nana, ah ah, questo l'ho inventato io, cose del genere.

A volte ci proviamo anche con le stesse ragazze.

Non c'era praticamente nessuno di cui potersi fidare, perché, sebbene aveste alcuni seguaci e alleati che vi apprezzavano come loro capo, non erano molto leali, perché non erano sempre pronti ad uscire con voi, a volte cambiavano schieramento a seconda di chi fosse l'uomo più forte, e quello che sembrava vostro alleato si alleava poi con un rivale.

Devo anche dire che il 90% degli attacchi proveniva da una sola persona, il capobanda del gruppo, Pedro. Ha creato il gruppo ed è stato omaggiato da quelli di livello più basso. Io e il matador eravamo gli sfidanti di quest'uomo e ridicolizzavamo anche i suoi numerosi successi, perché erano effimeri e inconsistenti. Ciò era dovuto alla sua scarsa capacità di trasformare i suoi flirt in ragazze da portare a letto. Quest'uomo baciava molto, ma non andava a letto praticamente con nessuna.

Io e il matador eravamo alleati e rivali allo stesso tempo, e si susseguivano tradimenti e grandi collaborazioni. Nelle estati in cui c'era collaborazione abbiamo entrambi detronizzato questo capo, e nelle estati in cui non c'era questa alleanza non erano così bravi.

Eravamo in competizione per vedere chi fosse il più forte tra noi tre, ognuno aveva i suoi seguaci ed eravamo rivali l'uno con l'altro.

L'estate del '92 è stata chiaramente a mio favore ed è stata riconosciuta come tale, così come l'estate del '93, a pari merito con "el matador", entrambe molto equilibrate. Nel 94 sono arrivato secondo, in coppia con Pedro, perché "el matador" si era fidanzato e non ha gareggiato. Con Pedro, nonostante tutto, le cose non andarono male e fu una buona estate. Nel 95 arrivai ultimo perché ero quello che si era fidanzato e arrivai in pessima forma, grasso e mezzo innamorato. Sono stato il peggiore non solo tra noi tre, ma tra tutti noi in un'estate terribile. Nel 96 fu un'estate di tradimenti da parte del matador che gareggiò contro di me e mi batté, ero terzo e molto sotto, e nel 97 ero di nuovo terzo ma più vicino al secondo.

Così andavamo tutti in giro a fare alleanze, a romperle e soprattutto a competere per vedere chi aveva più successo. Io non mi sono comportato bene sotto questo stress, tranne i primi due anni in cui avevo molti alleati e seguaci, per il resto, a causa del logorio di questa guerra, non mi sentivo del tutto a mio agio e non riuscivo a dare il meglio di me.

Appena ho iniziato a sedurre da sola, e ho smesso di andare con persone così competitive e stressanti, ho iniziato ad avere molto più successo. Questo è avvenuto più tardi, nella mia città, Santiago, dal '97, lì a Benicasim non potevi uscire da sola, perché era molto difficile allontanarsi da tutti questi disprezzatori, traditori e rivali, perché ogni notte i tuoi presunti seguaci, o direttamente i tuoi rivali, venivano a cercarti. A volte si riusciva ad andare con qualcuno di meno nocivo e allora ci si incontrava.

Di solito all'interno del gruppo c'erano sottogruppi di due o tre persone con un capobanda e uno o più seguaci, e tu trovavi un compagno più amichevole che non ti infastidiva e andavi con quello. Le volte in cui non avevi un alleato con cui andare tra i tuoi seguaci o i ragazzi più affini, dovevi andare con i tuoi rivali e quella era una serata di merda in cui c'era solo tensione.

È così che abbiamo affrontato il combattimento tra galli, scopandoci le ragazze a vicenda e, naturalmente, disprezzando al massimo i successi dei nostri avversari.

Era una guerra, c'era sempre molta competizione e chi era tuo alleato un'estate diventava tuo acerrimo rivale l'estate successiva. Questo è stato fatto spesso dal "matador" e a causa dei suoi tradimenti non siamo riusciti a battere il leader in più occasioni.

E se litigavamo e ci disprezzavamo a vicenda, figuriamoci cosa pensavamo di tutti gli altri. Li deridevamo, li vedevamo come degli stupidi e ci sentivamo così superiori, così superiori, che anche se venivano a parlarci, cercavamo di mantenere l'interazione il più breve possibile, perché non li consideravamo nemmeno degni di parlare con noi.

Tutto questo accadeva solo nella mia località estiva, nella mia città Lugo, senza questa estrema competitività, con amici molto più amichevoli, ho instaurato un regno del terrore nel 92 e 93, che ricordo ancora come molto potente più di 30 anni dopo.

Cosa impariamo qui?

- Che se per un giovane inesperto è già abbastanza difficile da capire, frequentare personaggi che non fanno altro che creare tensione e ferirti non ti fa bene, e che dovresti uscire con partner soddisfacenti o andare per conto tuo.
- Dovete essere vanagloriosi e presuntuosi, ma non arroganti e sprezzanti.
- Che le buone alleanze funzionano bene e le cattive alleanze funzionano male.
- Che non si può dare il meglio di sé se non si è in un ambiente piacevole.
- Che anche in un ambiente ostile l'immensa dedizione ti fa andare avanti.

Questo resort estivo è stato un luogo difficile da imparare, la cosa meno positiva sono stati questi accompagnatori che hanno reso davvero meno piacevole l'interazione con le ragazze.

In un vero e proprio inferno, dove ogni sera qualcuno ci provava con me e poi dovevi sopportare il loro disprezzo, mi sono indurito.

Questo mi ha aiutato a separarmi dalle persone dannose e a frequentare solo persone che mi convalidano. Non appena ho eliminato questi personaggi, ho iniziato ad andare molto più d'accordo, a sentirmi più forte e a divertirmi molto di più.

Il primo regno del terrore. Lampi di potere del cazzo.

Ciò che ho descritto nel capitolo precedente è accaduto solo nella città estiva durante gli anni 1992, 1993, 1994, 1995, 1996 e 1997, ma per la maggior parte dell'anno è accaduto ciò che ora descriverò.

Torniamo ora al 1992, nella mia solita città, Lugo, mentre stavo con questa prima ragazza. Da qualche tempo non mi sentivo molto bene, perché sentivo che mi annoiava terribilmente, non la trovavo divertente, né ero in sintonia con tutto ciò che pensava, era diventata una ragazza insipida, noiosa, monotona e persino depressiva, e sebbene fosse una persona meravigliosa, mi annoiava davvero e non la stimavo molto in queste ultime fasi.

In quell'occasione ho incontrato un gruppo di amici e mi sono divertito a bere vino e a ridere, e questo mi ha dato la carica.

È anche successo che un mio amico mi abbia detto che scopava con le ragazze senza essere un fidanzato e senza essere niente di loro. Questo mi lasciò sotto shock e mi fece arrabbiare perché dovevo sopportare il pudore della mia ragazza, che facevo fatica a convincere a fare sesso. Mi sentivo un idiota e volevo rimettere le cose a posto scopando con tutte loro da quel momento in poi.

Un giorno, proprio così, ho visto davvero la luce. Stavo ascoltando della musica e mi ha ispirato. Ho capito un significato nascosto e mistico dietro i testi e ho capito che era un segno. Mi sono sentito trasportato, come chi prende una pillola e finalmente vede la realtà. Ci sono voluti 22 anni per avere questa rivelazione, ma questo mi avrebbe cambiato per sempre ed è stato come un risveglio. Improvvisamente mi sono sentita diversa. Il testo della canzone mi ha ispirato e mi sono sentita molto più cattiva, molto più spudorata, ho sentito un potere immenso, sapevo che la mia fase formale era finita e che ora sarei stata cattiva, civettuola, presuntuosa e vanagloriosa e mi sentivo fottutamente bene.

Dopo aver provato per la prima volta il potere del cazzo, cambiai il mio comportamento esattamente come mi sentivo, e non curandomi delle conseguenze delle mie malefatte, mi misi a rimorchiare ogni ragazza sexy che vedevo nella mia città.

Ho preso due ragazze molto belle con grande facilità e una di loro ha perseverato molto.

Torniamo ora alla località estiva dove c'era tanta concorrenza. Era il 1992 e l'O.L.P. era appena stata fondata.

Andai nel mio posto d'estate deciso a farcela, lì provai e riprovai e non venne fuori nulla, nonostante mi sentissi così attraente e con così tanti desideri, non flirtai. Alla fine ci fu un giorno in cui mi demoralizzai e pensai che non avrei più flirtato, che era impossibile, perché erano 20 giorni che entravo nelle ragazze senza fermarmi, in spiaggia, per strada, di notte, era una dedizione estenuante e infruttuosa. Avrò avuto più di dieci fallimenti consecutivi con ragazze che non riuscivo a rimorchiare. Ragazze a cui dedicavo sforzi per non ottenere nulla. Mi dedicai talmente tanto a quei giorni che, esausto e affondato dall'insuccesso, dissi che lasciavo perdere, che avevo fallito, che mi rassegnavo ad essere un fallito e che sarei tornato ad essere formale con la ragazza.

Una settimana dopo questo triste momento, le ragazze con cui ero entrato cominciarono letteralmente a venire da me. Una venne a cercarmi e mi chiese di incontrare lei, la sua amica e un gruppo di altre ragazze. Improvvisamente mi scopavo queste due amiche di nascosto quasi ogni giorno, e feci un record di incontri che non fu mai più superato. Fu il matador a presentarmi generosamente queste ragazze, e grazie a questo finalmente iniziai, e passai un'estate leggendaria, scopando e flirtando con le ragazze più calde e impegnate, scopandole letteralmente nel culo e facendo tutto quello che si poteva immaginare fin dall'inizio, con tutto il potere del cazzo.

Penso che alla fine sarei stato lo stesso senza questo aiuto, perché la dedizione mi ha fatto avvicinare sempre di più al successo.

Qui, con tanto stress e tanta competizione, non potevo imporre la mia bellezza a mio piacimento, perché anche loro erano grandi uomini belli, e con questo vantaggio diminuito, ero indebolita, perché non avevo ancora altre armi potenti come questa.

Poi sono tornato nella mia città di residenza abituale, Lugo, dove sono cresciuto, e lì, senza concorrenza, ho instaurato un regno di terrore. Ogni sera uscivo e raccoglievo i miei pezzi, che erano di altissima qualità.

Una sera, con una forza e un pugno brutali, ne ho rimorchiate diverse quella stessa sera. Ho rimorchiato quelle che mi piacevano e anche tutte le loro amiche, e le loro sorelle, non c'era ragazza che mi rimanesse indifferente. Improvvisamente il potere che avevo trattenuto per anni con una ragazza si scatenò brutalmente, e qui raggiunsi davvero il livello massimo. Non avevo rivali, non avevo paura, non avevo rimorsi. Non avevo tutte le conoscenze, ma avevo il potere, e questo fu un fottuto massacro.

Questo regno del terrore durò per la maggior parte del '92 e per tutto il '93.

Qui ero brillante e mi sentivo un grande campione, ho fatto un numero record di campionati nel 93 che ha richiesto dieci anni per essere battuto, ero totalmente sul mercato e con una buona testa, cosa che in seguito non sarebbe continuata così.

Nel '93 mi sono messo con un'amica della mia ragazza, l'ho conosciuta e quel giorno mi sentivo cattivo e libidinoso e pensavo

-quelle tette sono mie- e dopo un po', non dopo mesi come con la ragazza, dopo un po', le succhiavo e le impastavo. Ho fatto grandi maestrie. La più grande è stata quella di aver scopato la ragazza di un ragazzo che ammiravo per il suo essere bello e civettuolo, un ragazzo che consideravo l'unico superiore a me. Inoltre, questa ragazza è stata con me per molti mesi, e così, scopando la ragazza del ragazzo che consideravo superiore, non vedevo più nessuno superiore. Quest'uomo era una guardia di sicurezza e aveva una pistola, ma non mi importava di rischiare la vita per scopare questa bella ragazza dal culo grosso. Ero consapevole che era un gran bastardo e di gran lunga il migliore della mia cazzo di città.

Era così vanaglorioso e presuntuoso che non aveva paura di nulla.

Un giorno ho incontrato il mio ex insegnante, la cui ragazza avevo scopato e che era rimasto senza di lei a causa mia. L'ho visto e ho pensato: "Va tutto bene".

È venuto a parlarmi in modo molto amichevole, dicendo che non usciva più con la ragazza con cui stava e che aveva scoperto che lei lo tradiva. Gli ho chiesto: "Ma sai chi è?" E lui ha risposto di no.

Siamo andati a bere qualche birra e abbiamo parlato di ragazze in modo amichevole. Gli ho detto che mi ero scopato una di loro e gli ho raccontato delle mie scopate con la sua ragazza e lui ha riso e si è divertito molto con me. Mi ha invitato a bere delle birre e tutto il resto. Un ragazzo fantastico!

È o non è una maestria? L'ho fatto quando avevo 23 anni. Questo era Jauja rispetto alla mia casa estiva.

Affermo che chiunque, in qualsiasi città della Spagna, per quanto fosse un flirt nella sua città, se fosse uscito con l'OLP, sarebbe stato, non dico sconfitto, ma umiliato da chiunque di noi.

Qui a Lugo senza rivali, imponendo la mia piccola dittatura, avevo le ragazze della città consegnate ai miei piedi.

Uscii con un'altra felice come una nuova fidanzata per tutto il centro della città, senza curarmi che qualcuno mi vedesse. Mi misi con un'altra splendida ragazza, con la quale scopavo per ore e ore ogni sera. In quel periodo, per un paio d'anni, ho raggiunto il livello massimo in termini di risultati, e avevo anche una testa molto buona, ma c'erano ancora delle debolezze nascoste che sono venute a galla in seguito. Ma possiamo dire che, in termini di potenza, ho raggiunto il mio picco all'età di 22 e 23 anni.

Anche nella mia città ho rimorchiato una di quelle bande che frequentavo, il che mi ha dato un forte sballo, perché era una ragazza che mi piaceva molto ai tempi, e per me era qualcosa di molto importante. Qui applicai il potere del cazzo e stravolsi la realtà, perché non avevo molte possibilità, ma con la padronanza degli angoli e delle distanze che stavo iniziando a sviluppare, e soprattutto sentendo il potere del cazzo, la agganciai e lei cedette alla sua stessa sorpresa. Il suo ragazzo, anche lui mezzo delinquente, lo scoprì. Avevo le palle, ne uscii vincitore e non mi successe nulla.

Cosa impariamo qui?

- Per sentire il fottuto potere. Per farlo, prestiamo un'attenzione intensa a qualcosa, soprattutto a canzoni potenti che prima non ci rendevamo conto di cosa stessero realmente dicendo.
- Che è possibile avere successo anche se la conoscenza è ancora ai primi passi.
- La dedizione paga.
- Che l'essere incazzati perché ciò che si pensa di meritare non si concretizza, ci fa dare il massimo.
- Il trionfo arriva sempre, anche se ci si ferma, se si è fatto bene prima.
- Che si può diventare insegnanti molto presto.
- Che potete nascondere il vostro vecchio io e crearne uno migliore.
- Che bisogna credere in se stessi e avere fede.
- Che bisogna essere coraggiosi.

- Che non ci si deve preoccupare dei rischi.
- Che si deve essere sfiduciati di fronte al pericolo.
- Che dovete essere in grado di esibire e vantare.
- Se pensate di essere i migliori, diventerete i migliori.

Debolezza.

Dopo un sacco di cazzate, dopo aver raggiunto la vetta del cazzo, ero abbastanza sicuro che sarebbe stato così per sempre. Aveva già rotto con la sua ragazza per non ferirla ulteriormente e tutto andava alla perfezione.

Ma un giorno l'ho vista e ho ricordato di nuovo le sensazioni dell'inizio con lei, questo mi ha tormentato e mi ha fatto crollare completamente, mi sono sentito malissimo, mi è dispiaciuto perdere quel bellissimo amore che avevamo e ho voluto provare di nuovo quello che ho provato all'inizio con lei.

Lei, dopo molte insistenze, tornò da me brevemente, ma non convinta, e infine mi lasciò. Ero totalmente abbattuto, triste e pentito delle mie malefatte, mi sentivo molto male, mi vergognavo di ciò che avevo fatto e desideravo tornare sulla strada del bravo ragazzo.

Quando una relazione si rompe, ci sono due vie d'uscita:

Non vedevo l'ora di incontrare ragazze, divertirmi e non volevo più avere una relazione del genere. Quindi questa è un'ottima rottura.

Può accadere anche il contrario, che si pensi che sia stata colpa propria, che ci si dispiaccia, che si sia rovinati e che appena usciti da quella relazione se ne voglia cercare un'altra per redimersi, per essere buoni, per tornare a quell'amore idilliaco. Questa è la peggiore via d'uscita possibile, quella che causerà una terribile sofferenza, ed è quello che è successo a me. Dopo questo primo amore sono rimasto con il rimorso e più morbido che mai, molle nel cercare di nuovo l'amore, sentendomi cattivo e colpevole, in questo stato ero la vittima perfetta per qualsiasi donna cattiva che mi scopasse vivo.

È incredibile che dopo le meraviglie che ho fatto io sia diventato così debole, questo perché non avevo ancora distrutto il mio vecchio io, l'avevo solo rinchiuso nella mia testa e sostituito con quello nuovo, ma era ancora lì a incasinare la mia vita e con questo nuovo incontro il vecchio io è uscito di nuovo.

Credo che fossi troppo giovane e che fossi questo nuovo me stesso costruito troppo di recente, quindi non appena mi sono esposto alla fonte della mia debolezza, la fidanzata, la mia creazione si è spezzata.

Cosa impariamo qui?

- Che non bisogna mai sentirsi in colpa alla fine di una relazione, o questa debolezza vi farà comportare troppo gentilmente in quella successiva e verrete maltrattati.
- Che non si sa quanto sia forte il nuovo sé finché non lo si espone a ciò che lo indebolisce.

Seconda fidanzata. Per piangere l'amore come un imbecille.

Ora, dopo questa prima ragazza, non ero più così felice, non ero più tutto contento, avevo davvero sofferto per la prima volta nella mia vita, questo mi rendeva arrabbiato e frustrato. Questa frustrazione stava crescendo, ma anche il desiderio di trovare un'altra bella ragazza.

Quello che mi è successo è stato orribile, ma alla lunga è stata la cosa migliore che mi sia mai capitata, perché dopo aver sofferto molto, alla fine sono diventato forte grazie a questo. È successo che ho incontrato un'altra ragazza che era molto carina e che mi piaceva, e ho avuto la sfortuna di riuscire a uscire con lei.

Io, che ero già un bastardo e un padrone, volevo trattenermi e fare il bravo. Ero triste per aver perso la prima ragazza e mi ero ripromesso di essere buono con la seconda.

Questa ragazza era molto diversa dalla prima e questo mi eccitava, era super pazza, divertente, festaiola ed estroversa, e questo mi piaceva in linea di principio. Era anche molto sexy e, a differenza della prima, era molto carismatica, loquace e divertente. Da rammollito qual ero, ho ceduto completamente al suo enorme fascino e mi sono buttato nella relazione.

Il problema era che questa ragazza non era né dolce, né affettuosa, né buona come l'altra, l'unica cosa che le interessava era andare a fare festa, molto più che stare con me. All'inizio andavo con lei alle sue innumerevoli feste, ma non mi sentivo bene, non mi dedicava abbastanza attenzioni, mi sentivo sottovalutato, triste, non corrisposto, e a volte mi sembrava persino che avesse troppo di me nella sua vita.

Mi sono trattenuta dal reagire ai numerosi rifiuti che mi ha rivolto, ho continuato a vagare sopportando le sue sciocchezze, ad essere bisognosa e dipendente.

Ma i litigi e le discussioni erano sempre più frequenti e un giorno si stancò di me e mi lasciò.

Dopo un anno in cui mi sono comportato da stronzo, soffrendo come non mai in vita mia, cercando di provare amore e provando solo tristezza, solitudine e delusione, lei mi ha ripagato di questa gentilezza con il suo scarso apprezzamento nei miei confronti durante la relazione, e infine con l'abbandono.

Ero così cattivo che mi ero completamente trasformato in un cattivo cattivo il cui obiettivo era vendicarsi di lei.

Questa ragazza non era affatto cattiva, non credo fosse nemmeno cattiva, era solo fredda e non era colpa sua se era così, in fondo, in fondo, era abbastanza buona, ma ti faceva arrabbiare molto.

Cosa impariamo qui?

- Non entrate in una relazione in uno stato di malinconia o con la voglia di recuperare qualcosa del passato.
- Che la tua nuova ragazza non ti consolerà per quello che hai fatto in passato.
- Che in ogni relazione bisogna iniziare in modo allegro e spensierato.
- Che sul sentiero del maestro potete smarrirvi per anni, dominati da vecchie credenze che vi indeboliscono.
- Che per essere freddi e duri, bisogna prima essere caldi e morbidi.
- Che nella sofferenza si forgia la determinazione a non soffrire più
- Che nessuno, nemmeno la tua ragazza, ti capirà o ti aiuterà in

ciò che è importante per te.
- Che non ti fidi di nessuno, soprattutto della tua ragazza.

La seconda fidanzata. La mia trasformazione in psicopatico.

Dopo che mi ha lasciato, dopo aver sopportato tutto, non solo ho recuperato il mio lavoro, il mio essere bastardo e civettuolo, ma ho peggiorato molto le cose. Poco dopo averlo lasciato è tornata da me perché, nonostante tutto, doveva piacerle qualcosa, oppure aveva qualche bontà nascosta ed era pentita di quello che mi aveva fatto.

Ma il me che conoscevo non esisteva più, ero diventato il me bastardo e ora gli avrei fatto pagare tutto il suo disprezzo. Questa sarebbe stata la versione più bastarda di tutta la mia vita.

Non passava giorno in cui non pensassi che fosse una persona cattiva che meritava tutto il mio odio e la mia cattiveria.

L'ho punita severamente e l'ho tradita con decine e decine di persone per anni, mentre riprendevo la mia carriera a 26 anni, ma questa volta da vero psicopatico, perché non solo non mi pentivo di nulla, ma godevo della mia cattiveria e mi eccitavo sadicamente facendola soffrire. Con lei mi sono scatenato.

Mi dedicai per metà a disprezzarla, umiliarla e farla soffrire, e ci riuscii completamente. Si comportò infinitamente meglio con me, ma non allentai di una virgola la mia punizione e lei la subì per quattro lunghi anni.

Non era giusto quello che avevo fatto, perché l'avevo ferita troppo, ma in quel momento era così che mi sentivo. Qui non mi importava molto di quelle che ho avuto, ma la vendetta che ho preso è stata quella che mi è piaciuta di più.

A proposito, ho scopato e rimorchiato molto.

Questi tempi, anche se flirtavo molto, erano tempi bui, in cui l'eccesso di cattiveria era proprio questo, un eccesso. Alla fine, le poche volte che l'ho vista si è comportata bene con me, ma anche in questo caso non ho mollato. Ero furioso.

Molte volte non mi ha sentito per diversi giorni, ho riattaccato, o non ho risposto al telefono, o l'ho scopata e sono andato a scopare con un'altra. L'ho lasciata diverse volte, ho avuto altre ragazze, sono uscito anche con diverse ragazze contemporaneamente oltre a lei. Ho detto no a tutto e lei ha finito per dire sì a tutto, soffrendo per la mia incredibile durezza.

Alla fine, una sera in cui la fidanzata mi aveva chiamato per uscire e io avevo detto di no, ricevetti una telefonata da una biondona che ci aveva provato con me e uscii con lei. In una strada mi imbattei nella fidanzata mentre stavo afferrando questa ragazza, tra l'altro molto più bella di lei. Lei mi vide, urlò e scappò via.

E così questa sposa se ne andò e fu liberata dal mio sadismo.

L'ho chiamata, ma non mi ha mai risposto, e dopo essermi sentita in colpa per qualche giorno per essere stata così, così, cattiva, ho subito pensato: "Va meglio, sta meglio, lasciala andare!

Dopo tanto odio, un giorno l'ho incontrata e le ho chiesto perdono per tutto il male che avevo causato e lei mi ha perdonato, così ho calmato la mia cattiva coscienza e mi sono sentito meglio. Quel giorno lei fu vicina a tornare da me. Stava per venire a letto con me quando aveva già un altro ragazzo, ma per fortuna c'era poco tempo e quando le ho detto di venire a letto con me mi ha risposto che non c'era abbastanza tempo ed era vero. Voleva farlo. Così, per pura fortuna, ho evitato di cadere di nuovo in quella trappola, che non è stata positiva né per lei né per me.

Lasciare una fidanzata è bello, perdere una fidanzata che si è amata profondamente è la cosa migliore della propria vita. Fa un male cane, ma ti libera dalla debolezza e ti rimette sul mercato dove avresti dovuto essere da sempre.

Dopo questa terribile esperienza, placai lo psicopatico che avevo creato e mi trovai al punto perfetto di età, esperienza, malvagità e saggezza, per instaurare un altro grande regno del terrore a Santiago. Questo regno fu molto più potente, crudele e spietato del precedente.

Cosa impariamo qui?

- Non ha senso voler tornare ad essere buoni quando si è già programmati per essere cattivi.
- Che non vale la pena sopportare le cose che non ti piacciono di una ragazza.
- Non vale la pena perseguire questa vendetta.
- Che non ne vale la pena, né di subire i rimproveri, né di torturare.
- Che è meglio andare per la propria strada e lasciare le ragazze che creano problemi. Perché facendo il bravo non si ottiene nulla di buono da loro e facendo il cattivo si fa loro un male eccessivo che non meritano più.

Oggi auguro il meglio a quella povera ragazza che ha subito le mie più grandi follie, follie che nascevano da cattivi sentimenti, da debolezza, da desiderio di vendetta. Follie che poi ti si ritorcono contro e ti fanno sentire eccessivamente cattivo.

La cosa più difficile da fare è farsi rispettare e non tollerare i loro abusi. Se non ci riuscite, lasciateli senza troppi complimenti e non cedete mai alle loro suppliche.

La migliore durezza non è punire o vendicarsi, la migliore durezza è lasciarli e non curarsi più di loro, perché vi hanno deluso, non meritano alcuna possibilità perché non si sono comportati bene con voi.

In questo caso sono stato troppo contento, imparate questo e non siate un mostro come lo sono stato io. Liberatevi e andate avanti.

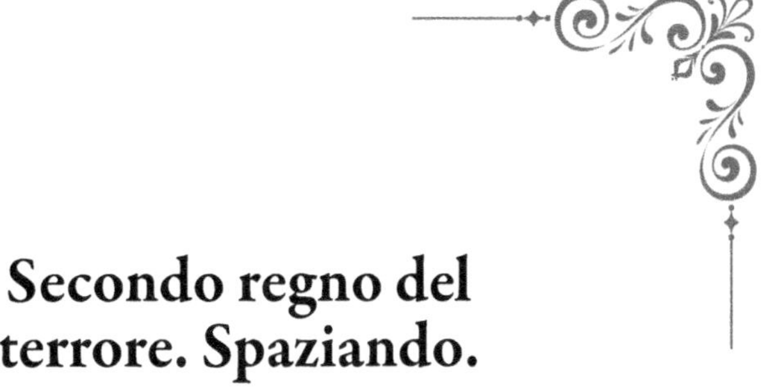

Secondo regno del terrore. Spaziando.

Ora ho davvero dato sfogo a tutta la mia fottuta forza, ho liberato la mia testa dal risentimento e dalla sofferenza e mi sono comportato in modo molto più positivo, allegro e felice. Perdere la mia ragazza è stato meraviglioso e mi sono divertito molto più di prima. Era il 2000, avevo 30 anni e cominciai a flirtare e a scopare molto più spesso. Inoltre, esercitavo un dominio molto forte, ero ambito e apprezzato dalle donne della mia città.

Fu in quel periodo che conobbi un uomo che era un meraviglioso seduttore, "il francese", e la mia alleanza con lui diede risultati spettacolari, di un livello di gran lunga superiore alle mie precedenti alleanze nella mia località estiva.

Con quest'uomo, non uno, non due, ma tre livelli più alti di prima, sono state fatte cose veramente incredibili che per raccontarle tutte ci vorrebbe un libro di mille pagine.

Io e il francese eravamo i padroni della città e abbiamo fatto estati da record dal '99 al 2005. Era davvero un potere così forte che eravamo completamente fuori di testa. Ero solito dire la frase "i love this game" riferendomi a quanto mi piaceva flirtare. Ci chiamavamo i fottuti maestri.

In quegli anni c'era una folle frenesia sessuale che racconterò più avanti. Ci sarebbe così tanto da raccontare che se iniziassi a raccontare le avventure più eclatanti, riempirei pagine e pagine e non è quello che voglio fare. D'altronde, il mio lavoro segreto serve proprio a questo.

La lezione di tutto questo è che, quando ci si lascia alle spalle le mollezze e anche le durezze estreme che non portano a nulla, e si esce semplicemente per divertirsi, liberi da relazioni insoddisfacenti, è allora che si dà il massimo, si è se stessi e ci si diverte più che mai.

Ora amavo la mia vita e avevo sviluppato una personalità simile a quella della prima fase del grande potere nella mia ex città di residenza, Lugo, senza risentimenti e senza stronzate, mi dedicavo semplicemente a divertirmi.

Ci sono tre città Lugo dove ho vissuto fino al 93, Santiago dal 93 ad oggi e Benicasim la mia località estiva dove sono stato dall'80 al 97.

È stato un periodo bellissimo, parlo dell'anno 2000 a Santiago, in cui, pur avendo intrapreso piccole relazioni, ne sono uscito rapidamente, perché non credevo più nell'amore. Stavo semplicemente con alcune ragazze che mi piacevano un po' di più e con le quali passavo più tempo, ma sapevo che prima o poi mi avrebbero dato dei problemi e mi avrebbero lasciato, oppure le avrei sacrificate.

C'è sempre un piccolo inciampo perché non si è immuni al suo fascino, ma il danno che ha subito è stato minimo. Viveva di e per il mercato, freddo e duro all'interno e sfrontato e affascinante all'esterno.

In seguito a tutto questo, si è materializzata una fidanzatina che ho avuto per un po' di tempo. Questa ragazza, nonostante fosse fisicamente una delle migliori, non la stimavo molto, né mi preoccupavo troppo di lei. Quindi, siccome avevo la testa che funzionava al 100%, lei non dava alcun problema e dava prestazioni sessuali portentose, al punto da poter dire che si trattava già di una relazione totalmente pornografica, dato che era molto devota e, o era, o sembrava una ninfomane, e che prestazioni dava!

Cosa impariamo qui?

- Quando lasciamo andare i rancori e le relazioni insoddisfacenti, sviluppiamo tutto il nostro potere e seduciamo con gioia e felicità.
- Come risultato di tutto questo potere, appaiono ragazze

straordinarie che si concedono a voi nel corpo e nell'anima (soprattutto nel corpo), e voi raggiungete livelli molto alti di vizio sessuale, che descriverò nel prossimo capitolo.

Godere di una ninfomane.

Cosa è rimasto del buono iniziale? Beh, niente più. La personalità originale era rimasta per i momenti occasionali con le ragazze eccezionalmente brave. Ora sapevo come misurare, sapevo quando premiare e quando punire senza esagerare, e avevo trovato l'equilibrio tra il bene e il male.

Nella via del maestro non tutto è sofferenza, c'è un grande godimento, e ora, in questo momento, stavo per diventare un maestro sessuale scopando la donna più pazza e più calda che avessi mai incontrato, una donna che non aveva davvero limiti.

Per brevità, riporto i fatti più importanti e più scottanti.

A questa ragazza, che durò circa otto mesi, diedi il soprannome di "Chochita" per la sua bella figa rosa.

Già il primo giorno sono andato a letto con lei a casa sua, ho scopato mentre il padre sbatteva la porta perché sapeva che lei era lì con qualcuno, e mentre il padre sbatteva, io mi sono scopato la figlia con gioia senza più fregarmene di niente. Ero completamente disinibito.

Ho goduto molto spesso della loro villa di lusso con piscina, ho apprezzato i loro pasti e le escursioni che abbiamo fatto.

Una volta, mentre i suoi genitori se ne stavano andando in macchina, uscirono dal garage e lei si affacciò alla finestra per vederli scendere. Le ho abbassato il bikini e mentre lei era lì a vederli scendere le ho infilato il cazzo dentro e ho iniziato a scoparla mentre lei parlava con i suoi genitori. Loro non potevano vedermi perché ero più indietro, mentre lei rimetteva il culo a posto, e così mi salutò.

Nel giro di dieci minuti ogni giorno che la vedevo la scopavo, spesso su sua richiesta. Ho sempre scopato una, due o tre volte, di solito due, ma quando stavo con lei tutto il giorno tre volte, e la vedevo praticamente ogni giorno. Ho scopato più con lei in otto mesi che con altre persone in anni.

Non sapevo più cosa farle, l'avevo scopata nel culo, le avevo sborrato in faccia e poi era andata a spasso con la sborra in strada. Le avevo infilato l'alluce nella figa, le avevo fatto seghe, pompini, inculate, l'avevo scopata nella macchina del padre. Le avevo sborrato in faccia con gli occhiali da sole e poi avevo preso il sole così. Una notte l'ho scopata sei volte. Completo. Non ha mai detto di no a nessuna proposta.

Il culmine di tutto questo fu che stabilii la regola che ogni volta che salivo in macchina, lei doveva succhiarmi il cazzo fino a farmi sborrare, e così facemmo per gli otto mesi della nostra relazione. Ero molto felice di viaggiare succhiato da questa bella bionda dagli occhi verdi.

E anche se facevo tutte queste cose non sentivo alcun legame d'amore con lei, e alla fine mi sono stufato di tutte queste scopate e l'ho lasciata.

Pensava di essere la ragazza più bella e attraente della città, ma alla fine è stata scaricata e per di più era ferita per avermi perso. L'ho lasciata per una persona ancora più bella, meno pazza, più dolce e più attraente.

Cosa impariamo qui?

- Il fatto di sapere tutto sul sesso grazie a tutta la pratica che fate vi rende più potenti e vi dà più sicurezza.
- Che da tanto godimento si finisce per avere una dipendenza sessuale, e quindi si è ancora più motivati a continuare con la dipendenza.

Relazioni amorose
insignificanti.

Penso che all'età di 31 anni ho raggiunto un picco di potere che da allora fino ai 43 anni è stato molto potente.

Lasciai la fidanzata ninfomane e ne presi una più carina che mi piaceva molto di più, e per un po' mi sentii di nuovo indebolito e caddi nelle grinfie dell'amore, ma questo sarebbe durato solo un mese e mezzo o due. Ben presto mi accorsi dei suoi molti difetti, delle sue sciocchezze, delle sue stronzate e cominciai a pensare che fosse una bambina, come in realtà si rivelò. E dopo aver goduto di questa bella ragazza mi sono liberato. Ho avuto un po' di difficoltà alla fine, ma niente che non avrei superato in due o tre giorni.

Poi ne ho incontrata un'altra che mi ha invitato in una città lontana della Spagna e mi ha pagato il biglietto aereo. E così ho vissuto, uscendo con fidanzate a breve termine che mi invitavano e mi portavano in giro. Avevo anche altre che mi scopavano di nascosto, andavano in piscine private, venivano a prendermi in BMW, ed era come se io fossi il premio e loro facessero a gara per stare con me. C'era anche una scopatrice molto formosa, che faceva dei pompini incredibili e io le davo quel ruolo.

Comunque, non voglio stare qui a raccontare tutte le mie storie, ci sarebbero tante altre cose da raccontare, ma voglio solo dirvi quello che penso possa aiutarvi a diventare un maestro, quindi invece di vantarmi e di entrare nei dettagli, vi dirò l'insegnamento di questo capitolo.

Qui apprendiamo che

- Anche se esci con qualcuno e pensi davvero di essere formale, non puoi esserlo nemmeno se lo vuoi, perché sei già così preso dal vizio di scopare con tutti che è impossibile essere fedele a qualcuno di loro.

- Impariamo anche che dopo tanta pratica si diventa duri, non ce ne frega niente se perdono la fidanzata, se si arrabbiano o altro. Arriva un momento in cui quasi non soffri, li vedi come sciocchi e capricciosi e non hai alcun desiderio di compiacerli.

E così, valutandole nella loro giusta misura, tirandole molto in basso, e a volte segnandole sopra lo zero, sapendo che è praticamente lo stesso perderle perché ce ne sono molte altre, e anche migliori, e che si ottengono facilmente e velocemente, si raggiunge il top. Si inizia a scopare con le ragazze il primo giorno e qui si raggiunge quasi il livello massimo.

Vi dirò qualcosa di più su ciò che resta, ma è praticamente tutto ciò che vi serve.

Solitudine.

Arriva un momento nel percorso del maestro in cui non lo sopportate più, non siete più disposti a vivere una relazione o a sopportare le sue sciocchezze, i suoi capricci e le sue stronzate. In questo momento preferite la vostra solitudine ed è quando vi divertite di più e siete al meglio.

Quando si è soli, non si è mai a corto di donne, perché si ha tutto il tempo per flirtare e flirtare senza entrare in una relazione. Flirtate e mettete in chiaro che non volete nulla di serio con loro. Questo è ciò che le rende più leali nei vostri confronti, quindi tutte vogliono uscire con voi e sopportare le vostre richieste. Cercano di farsi scopare da voi come leonesse, ma non ci riescono, e una dopo l'altra vengono conquistate, rese poco attente, e alla fine o se ne vanno da sole, o voi le abbandonate, perché non volete sopportare proprio nulla.

E così c'è la produzione di massa, la produzione industriale, che è ciò che vi differenzia da tutti gli altri che sprecano il loro tempo in relazioni assurde, che non portano loro altro che dolore e insoddisfazione.

Quando il matador è venuto qui nel mio periodo di massimo splendore, ha preso una tale quantità di botte che era persino imbarazzato e ha detto che non aveva mai visto in vita sua una potenza e una maestria più grandi di quelle che avevo io a Santiago.

Nella vostra solitudine non avrete nemmeno molti amici, perché saranno invidiosi, o non riusciranno a stare al passo con voi, o non vi capiranno, e non avrete tempo perché andrete sempre di donna in donna. Quindi godetevi questa solitudine, che alla fine non è solitudine, perché siete più accompagnati che mai.

Cosa impariamo qui?

- Quando sarete convinti di stare meglio da soli che con una qualsiasi fidanzata, avrete raggiunto un punto molto alto sul cammino del maestro e questo sarà super premiato dal mercato.
- Niente attrae di più una donna di un uomo che non riesce a trattenere.
- È difficile raggiungere questo stato di solitudine e di scopata, perché si è già sofferto in relazioni precedenti, e la stanchezza e la fatica di questo ti fanno diventare più freddo e duro che mai, e allo stesso tempo più irresistibile.
- Quando arrivi in cima, tutti ti rendono omaggio e se non lo fanno, non ti importa.

Essere invitati.

Indipendente, disinvolto, spensierato e attraente, attiri molte ragazze che fanno offerte per i tuoi servizi. Alcune offrono facilmente sesso, altre offrono anche sesso ma pensano che non sia abbastanza e offrono anche soldi. Queste ragazze ricche cercheranno di comprarti invitandoti a tutto, portandoti in viaggio e pagando tutto loro stesse, essendo molto amichevoli e sempre disponibili per te senza lamentarsi.

Se raggiungete livelli molto alti, non solo vi approfitterete di loro, ma arriverete a disprezzarli, a dire loro che non compreranno da voi e che i loro inviti non valgono la pena.

Le lascerete abbandonate, le metterete in difficoltà e loro resteranno lì a guardarvi, alcune per il resto della loro vita o almeno per più di 20 anni, finché un giorno non si stancheranno di aspettare di essere ricambiate e se ne andranno con qualche sciocco, e finalmente vi lasceranno in pace e potrete liberarvi di loro e delle loro molestie.

Queste ragazze sono ossessionate da te e sono felici che tu rimorchi tutte le loro amiche, che tu abbia delle fidanzate, che le ignori e che loro siano sempre lì per te.

Cosa impariamo da questo?

- Quando diventate freddi, duri e indipendenti, alcuni di loro impazziscono e si innamorano incondizionatamente. Questo stato può durare per molti anni, e più che amanti occasionali, perché non li volete nemmeno per quello, sembrano vostri ammiratori. Se non le apprezzate affatto, come di solito accade, vi ammireranno e non se ne andranno nemmeno se vi scopate le loro amiche, qualunque cosa facciate loro. Qui avrete raggiunto livelli mostruosi di maestria.

Dittatura.

Una volta raggiunta la dittatura, si è raggiunto il massimo livello ragionevole, ma si può ancora arrivare a un livello superiore facendo cose davvero folli. La dittatura è sapere di essere il ragazzo più sexy della città e pensare che non ci sia nessuno meglio di te, almeno tra quelli che conosci. Vivete una vita da veri attori porno, scopando troppo spesso e mettendo a rischio la vostra vita, a causa di tanta frenesia e di tanto logorio fisico.

Dittatura è dominare con il pugno di ferro non solo le proprie relazioni, ma anche la propria città. Ogni giorno che esci sai che sono là fuori a volerti incontrare, numerose ragazze attraenti, che diventano presto parte del processo produttivo, entrando e uscendo dalle nostre vite, senza intaccare la nostra tempra, né farci soffrire.

La dittatura è essere un maestro del flirt, che difficilmente gioisce delle sue vittorie, questo non è vero, si gioisce sempre un po', ma si gioisce meno, con tante ragazze che si flirtano, tanto dominio, tanto successo. Arriva un momento in cui possiamo dire che, nonostante i problemi che alcune di loro causano, sono molto piccoli rispetto a quelli delle fidanzate. Vivete in un paradiso terrestre dal quale non dovreste mai uscire.

Cosa impariamo qui?

- Che alla fine della strada del maestro c'è il paradiso e che questo paradiso può durare finché mantenete le vostre capacità al massimo della mentalità. Se raggiungete questo obiettivo, solo la fisicità, man mano che si affievolisce, vi allontanerà gradualmente dall'essere il dittatore.

- La dittatura consiste nel raggiungere la vetta e compiere azioni leggendarie. Quando tutti ti conoscono e hai la reputazione di flirtatore, molti sono attratti proprio da questa reputazione.

- La dittatura è non potersi occupare di tante cose che si hanno e dubitare davvero se si sta facendo bene o se si dovrebbe allentare la presa per non morire di tante scopate.

Dipendenza dal sesso.

Esatto, alla fine del percorso di master si diventa drogati di sesso e si deve avere la propria dose, praticamente ogni giorno, altrimenti si diventa nervosi e ansiosi.

Se avete molte ragazze da scopare contemporaneamente e senza alcun impegno con nessuna di loro, allora scopate come mai prima d'ora e sarete totalmente assuefatti. Questo non è un bene, è molto buono, qui raggiungete il vostro massimo splendore e dopo dovrete abbassare un po' le vostre pretese perché questo è già eccessivo e potete davvero morire. Inoltre, è uno stress con così tante donne, quindi dopo aver dato il meglio di sé e aver visto la morte da vicino, si finisce per avere paura e alla fine si perde la testa e si passa ad altre cose più divertenti e folli, ma meno faticose.

Impariamo tutto questo qui.

- Impariamo che questo periodo di massima scopata può durare solo pochi anni, e poi bisogna riposare, o può succedere qualcosa di molto grave.
- La maggior parte di loro non riesce a sopportare il logorio e a rilassarsi facendo altre attività meno faticose, e poiché non c'è più niente da fare dopo, si chiude il cerchio e si torna a essere un cattivo ragazzo ma con un aspetto semi-buono.

Sadomaso.

Se hai molte ragazze da scopare finirai per farlo in modo violento, perché saranno loro stesse a chiederti di farlo, ti diranno di scoparle con forza, oppure vedrai che questo le eccita e allora lo farai. A furia di scopare, si va fuori di testa e si diventa mezzi matti e si scopa come un attore porno in preda alla rabbia. Altri, ancora più viziosi, vi dicono di colpirli mentre li scopate, o di parlare sporco con loro.

In breve, prima o poi finirete per diventare un maestro del sadomaso. Dopo di che, quasi nulla vi ecciterà perché è molto più selvaggio del sesso normale.

Diventi completamente invidiato e la tua produzione diminuisce, perché non devi più scopare le ragazze in modo normale, ma diventeranno le tue schiave, quelle che ti daranno più soddisfazione e quelle a cui darai più preferenze. Quindi, a causa di queste perversioni, la produzione diminuirà e voi vi rilasserete dal punto di vista dell'usura.

Si incontrano anche ragazze di questo tipo che finiscono per diventare le proprie fidanzate e godere del sadomaso. Queste ragazze sono percepite come migliori e speciali e questo le indebolisce di più, ma nonostante tutta la loro perversione, queste belle e viziose ragazze sono fidanzate più che schiave del sado maso, e questo le rende insopportabili, molto pesanti, esigenti e molto amanti delle critiche e dei rimproveri. Finisci per stufarti di loro e anche tutto il sesso sadomaso che praticano con te non ti ripaga. Finite per lasciarli, perché la vostra durezza è superiore alla debolezza che vi infondono e alle loro arti amatorie. Siete freddi, duri e spietati, li lasciate e proseguite sulla strada del maestro.

Cosa impariamo qui?

- Che le scopate in stile sadomaso vi soddisfano molto di più.

- Che abbassa la tua produzione.

- Che anche queste ragazze sottomesse finiscono per essere esigenti e insopportabili.

- Che qualsiasi cosa facciano, non ti scopano, le elimini senza pietà.

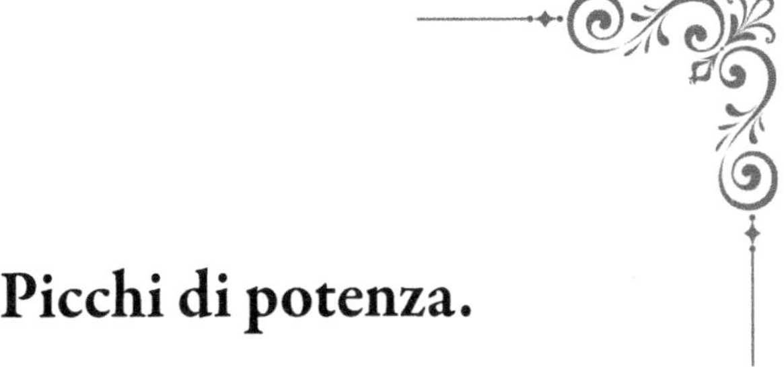

Picchi di potenza.

I picchi della mia potenza si sono verificati nel 92, 93, 99, 2000, 2001, 2002, 2003, 2005, 2006, 2007, 2009, 2010, 2011, poi un brusco calo e solo nel 2018 e soprattutto nel 2019 sarei tornato a distinguermi. Questo avviene a ondate e in questi anni di picchi di potenza ci sono state cifre doppie, triple e persino quadruple rispetto ad altri anni più deboli.

Cosa impariamo da tutto questo?

- Impariamo che negli anni buoni, quando arriva l'onda, quando si è in pieno potere, si fa molto di più che negli anni normali e questi anni bilanciano quelli cattivi e rendono tutto molto positivo.

Le buone annate si verificano quanto più impegno ci si mette, è così semplice, una parte importante del successo è la dedizione. Chi si impegna, se ha già la saggezza, fa i record.

Rilassante.

Alla fine si finisce per essere un po' stanchi, non per le tante scopate, non per le tante uscite, non per le tante feste e le tante donne; quello che succede è che fisicamente e mentalmente si è esausti, a volte è molto stressante. Se trovate una donna sexy, brava nel sesso e che vi vizia con le vostre avventure e conquiste, una donna che fa finta di niente con le vostre continue scappatelle, allora rallentate, vi calmate un po' e vi riposate.

Non dico che sarete formali, ma almeno vi affezionerete a lei e le darete molta importanza. Lei pensa di avere un fidanzato e tu ti dedichi in misura molto minore alla seduzione, ma continui a dedicarti a lei e sei abbastanza felice, perché hai una brava ragazza e riesci anche a sedurre.

Ciò che inizia come una tregua temporanea spesso si trasforma in qualcosa di permanente e il seduttore gradualmente svanisce. Ecco perché non ci si può mettere troppo comodi, altrimenti il gioco finisce. Bisogna sempre farlo temporaneamente e giusto il tempo di riprendersi. È così che finiscono le carriere dei seduttori che non sono riusciti a fermarsi.

Cosa impariamo qui?

- Che dovete riposare di tanto in tanto, ma fate attenzione a non rilassarvi troppo, perché il riposo temporaneo finirà per essere la vostra tomba come seduttore se durerà troppo a lungo.

- Che se si può evitare meglio.

Le onde.

Nella seduzione, e in generale in ogni cosa della vita, ci sono momenti in cui tutto va liscio, come se un'ondata di donne ricettive venisse da voi, e poi, una volta passata, c'è un periodo molto vuoto, in cui, nonostante vi sforziate ancora di più che durante l'ondata, ottenete molto meno. Dovete essere attenti e surfare su tutte queste onde che vi arrivano.

Se arriva l'onda, ci saranno momenti di alta produzione e si darà la preferenza alla seduzione, mentre se ci sono momenti di carenza si darà la preferenza a questa ragazza che rilassa e tranquillizza. Una ragazza è normale, ma possono essere anche diverse.

Consiglio di avere la triade, almeno 3 ragazze.

Quando si entra nella terza età, di solito si dedica una piccola percentuale del proprio tempo alla seduzione, perché anche il mercato è in calo. Quindi, in questo momento, non si è in pensione, ma si è semi-pensionati, in attesa di buone offerte. Così la vita del seduttore può finire in questo modo: ogni volta si naviga su onde sempre più piccole e ci si ritira gradualmente.

Appena arriva l'onda, raramente, se non mai, si resiste e si rinuncia alla propria tranquillità, e anche se è grande, si rompe con queste donne che ci rassicurano e si torna alla seduzione intensiva.

Ci sono diversi semi-ritiri e svolte. È come le onde che vanno e vengono, e quindi, godendo delle onde che passano e godendo del tempo volontariamente a bassa attività, la fine dei vostri giorni sta arrivando.

Essendo un campione, capita che ad un'età molto elevata le donne continuino a circolare nella vostra vita, come non potrebbe essere altrimenti.

Cosa impariamo qui?

- Anche se la vostra produzione cala, anche se siete semi-pensionati, anche se vi dedicate meno tempo perché non siete più performanti come prima, non vi ritirate mai completamente e siete sempre desiderosi di sedurre, vivete sempre per la seduzione e non la abbandonate mai per tutta la vita.

Essere immortali.

Dopo decenni in cui ti sei divertito come un bastardo, vantandoti di tutto ciò che hai goduto, vai a raccontarlo alla gente. Lo fai perché possano accedere alla tua conoscenza, anche per pura presunzione e vanagloria, anche perché almeno si sappia che sei esistito e che hai fatto una vita diversa da quella delle persone normali.

Ci sono molte persone che lo fanno, ma alcune come me lo hanno fatto a livelli malsani. Sono molto felice di essere dipendente dalle donne, dal sesso, dall'avventura e dall'eccitazione.

Attraverso i miei libri questa conoscenza rimarrà e la gente saprà qual era il mio punto di vista su tutto questo. Questo ti dà fama, riconoscimento e ti rende immortale, quindi dopo tutto, anche se mi vanto di tutte le mie malefatte, penso che questo mi dia prestigio.

Credo di aiutare molti uomini a uscire da una vita miserabile, una vita basata sull'obbedienza a donne che non corrispondono mai a loro su un piano di parità, ma lo fanno da una posizione di superiorità rispetto a loro, che trattano come loro altezzosi subordinati. È per tutti questi uomini, che grazie a questi insegnamenti torneranno a essere veri uomini, che sono motivato a scrivere tutto ciò che sto scrivendo.

Cosa impariamo qui?

- Che alla fine ti piace essere te stesso, ti vanti delle tue conquiste, ti senti il fottuto maestro e sei super orgoglioso di quello che hai fatto.

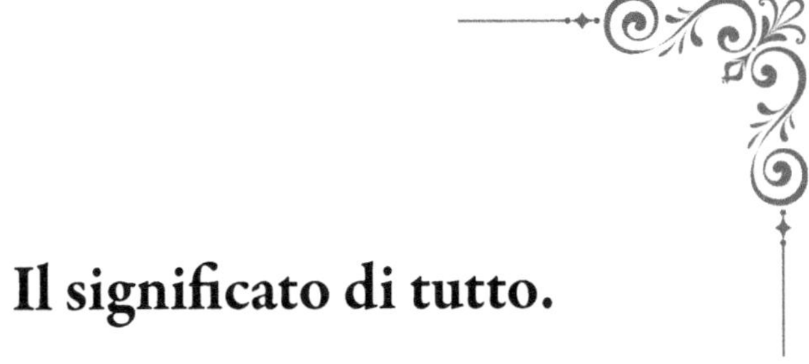

Il significato di tutto.

Il senso di tutto è adempiere alla funzione divina che vi è stata assegnata alla nascita, perché è qualcosa che sentite nel profondo, sapete che siete nati per il divertimento, le feste e le donne.

Il senso di tutto è portare a termine la missione che vi è stata assegnata, Dio lo vuole e se ne compiace.

Gesù nella mangiatoia.

Un giorno ho ascoltato un canto natalizio che mi ha fatto ridere. Mi colpì una strofa che diceva.

-E Gesù nella mangiatoia ride, perché è gioioso.

Concludo, Gesù nella mangiatoia è un bambino che ride perché è gioioso. Dovete esserlo anche voi, a qualsiasi livello vi troviate e qualsiasi risultato raggiungiate, dovete ridere perché nulla ha importanza, perché state praticando e vi state dedicando a voi stessi, siete sul sentiero del maestro.

Quando si guarda alla propria vita in prospettiva, non si riesce a distinguere i momenti belli da quelli brutti, perché tutto sembra bello. Ora penso che i tempi bui, con risultati orribili ed enormi sofferenze, siano stati altrettanto soddisfacenti di quelli belli.

Entrambi i periodi erano buoni, ma quando si è nei momenti difficili non ci si rende conto che questo è ciò di cui si ha bisogno per arrivare ai momenti buoni.

Alla fine si ricordano solo i momenti belli e si dimenticano quelli brutti. Ora penso che siano stati i tempi brutti a rendermi potente, perché i tempi belli sono stati la materializzazione di ciò che ho ideato nei tempi brutti, quando ho affinato le mie capacità, la mia determinazione, la mia disciplina e ho cambiato ciò che era necessario.

Anche se è vero che i momenti in cui si scopa come matti sono più piacevoli, una cosa è conseguenza dell'altra e tutto va bene.

Qualunque cosa vi accada, dovete essere come Gesù nella mangiatoia, un bambino che ride perché è gioioso. Proprio così, gioioso solo perché. Se sarete così, godrete di tutto ciò che vi accadrà. Anche se non diventerete maestri di seduzione, se riuscirete a essere come Gesù nella mangiatoia, che ride perché è gioioso, ne godrete.

Cosa impariamo qui

- Dovete ridere, ma lavorando sul percorso per diventare un maestro, ridendo dei momenti brutti perché non sono poi così brutti, perché siete già sulla strada per cambiare ciò che vi sta accadendo.
- Chi ride per il gusto di farlo è una persona molto felice e questo va bene e credo sia meraviglioso, ma se non si è sulla strada del miglioramento di se stessi, quelle risate si trasformeranno presto in lacrime.

Piacersi ancora di più.

E così concludo questo libro, compiacendomi ancora una volta di me stesso, vantandomi delle mie malefatte, sentendomi orgoglioso di tutti i miei massacri, e avvertendo che non è finita qui e che intendo continuare fino al giorno della mia morte. E se potessi richiederlo, nella mia prossima reincarnazione chiederei di nuovo di essere un seduttore, come credo di aver fatto prima di nascere, perché questa è la vita migliore che ci sia, di gran lunga superiore a tutte le altre.

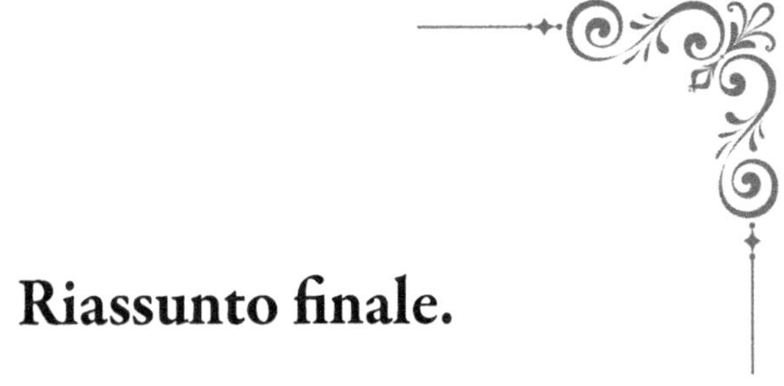

Riassunto finale.

Il percorso del maestro inizia nell'infanzia o nell'adolescenza e termina un po' prima della morte. Cambiano le ragazze, cambia l'età, ma lo spirito rimane immutato; e così attraverso i decenni, per tutta la vita, si seducono le donne per la sola soddisfazione di sedurle.

Se seguite la strada del maestro imparerete le tecniche di seduzione di cui non ho parlato qui, ma a questo servono i miei libri "Master in seduzione" e "JD Absolute seduction". Con essi e con la vostra pratica incessante passerete dall'essere un uomo che soffre, a un uomo indipendente, felice, fottutamente duro.

Chiunque può arrivare alla fine del percorso del maestro se ci mette la propria determinazione. Questa è la vostra grande arma: la dedizione, la determinazione a perseverare, a rialzarsi, ad andare avanti, molto al di sopra di qualsiasi fisico o capacità.

La strada ha dossi, curve e pericoli, i pericoli più grandi vengono sempre dall'amore, e sono le stesse ragazze che conquistate a trattenervi.

Lo dovete al prossimo, dovete pensare a quella che è sola, triste e annoiata, a quella che non conoscete ancora, ma che ha bisogno di voi. Pensate a quella donna e andate a cercarla. Quella donna non è felice, soffre. Rimediate e rendetela felice.

Dedicatevi alla vostra produzione, per continuare a trasformare donne tristi, sessualmente apatiche e annoiate in donne sexy, gioiose, felici e divertenti.

Si fa del bene, si fa anche del male, ma questo si traduce in un bene più grande, si serve la società, si serve la vita ed è buono, giusto e necessario.

La seduzione oscura è un'arma segreta, qualcosa di nascosto che nessuno conosce e che voi conoscete e usate molto raramente. È una conoscenza che avete appreso mentre percorrevate il sentiero del maestro, ma che deve rimanere segreta, in attesa che sia mai necessaria.

Il cammino del maestro è un cammino dal dolore alla gioia. Dall'oscurità alla luce.

Per avere successo non è necessario arrivare alla fine, ma andare fino a dove si vuole, ognuno ha i propri obiettivi e non tutti vogliono arrivare fino in fondo. Se raggiungete ciò che vi siete ripromessi di raggiungere, anche se non è la fine, avrete avuto successo anche voi. Io non lo capirò, ma voi sì.

I compagni di squadra vanno e vengono, i rivali cadono, il tempo passa. 40 anni dopo aver iniziato, l'unico che rimane sei tu, sei ancora in gioco alla ricerca di nuove imprese per accrescere ancora di più la tua leggenda.

Sì, siamo malati, sì, siamo immaturi, infantili, bla, bla, bla, quello che volete, ma quanto è bello così!

E così, da squilibrato a squilibrato, vi dico che so che ci saranno molti che seguiranno la mia eredità e che, ispirati da essa, la supereranno di gran lunga.

La via del maestro consiste nel passare da un sentimento di paura, nervosismo, frustrazione e tristezza a un sentimento di potenza, dominio, felicità e vanto per tutto ciò che si è raggiunto.

E così il ragazzo che immaginava di essere il loro eroe finì per essere il loro eroe.

Se le ragazze non si ricordano più di voi a causa del lungo tempo trascorso, non importa, ciò che conta è che è successo, che eravate lì, che avete fatto le vostre meraviglie. Questo rimarrà per sempre non solo nella vostra testa, ma anche nello spirito dei libri, e se qualcuno li leggerà con attenzione, potrà provare tutte le sensazioni di cui vi ho parlato. Qualcuno potrà diventare un Maestro.

Facciamo del bene alle ragazze, le facciamo divertire con noi. La via dell'insegnante è quella di diffondere gioia, un po' di amore e tanto divertimento.

La via del maestro consiste nell'abbandonare la morbidezza e praticare la durezza, ma anche nell'abbandonare l'eccessiva durezza, perché questa è in realtà debolezza e ci danneggia.

Mi congratulo anche per queste persone del futuro che continueranno questa vita meravigliosa, giusta e pura, la migliore del mondo, la vita del seduttore spudorato e affascinante.

Un giorno, sempre più lontano, il viaggio del maestro finirà nell'immaginazione di un vecchio che rivive le sue avventure e fantastica su quelle nuove che non arriveranno mai.

Puoi essere il prossimo maestro!

Giochiamo!
Voliamo!
Riusciamo nel nostro intento!

Did you love *La via del maestro*? Then you should read *La Vita del Seduttore Affascinante e Spudorato*[1] by John Danen!

[2]

La vita del seduttore affascinante e spudorato è per me la migliore delle vite. Una vita libera da vincoli, che seduce e scorre al tuo ritmo. In questo libro ti racconto com'è questa vita e come puoi viverla anche tu, spiegandoti le tecniche di seduzione che utilizzo sia per flirtare che per portare a letto le ragazze. Analizzo le interazioni reali e fornisco le chiavi del successo con le ragazze. È un libro per rompere con tutto e diventare un vero seduttore.

---

1. https://books2read.com/u/49Lz6Y

2. https://books2read.com/u/49Lz6Y

Also by John Danen

Seduction 5.0

S.A.X.

Chicas complicadas

Seducción 5.0

El libro del tonto

Macho Alpha

Macho alpha extracto

La seducción después de la pandemia

Terriblemente atractivo

Seducción 5.1

Sedução 5.1

How to be Cool and Attractive

Sedução. Avançada. X.

Garotas complicadas

¡Basta de ser buen chico! Sé un chico malo.

El método JD. El método de seducción de John Danen

El arte de agradarte a ti mismo

¡Basta ya de abusos! ¡Defiéndete!

Enought with the abuse! Defend yourself!

Máster en seducción

Las mujeres. El amor. Y el sexo.

Supera la dependencia emocional

Atrae mujeres con masculinidad

JD Absoluta seducción

El fracaso del amor

Entender a las mujeres

La vida del seductor sinvergüenza y encantador.

El arte de la dureza

Terrivelmente atraente

Deixe de ser um bom da fita! Seja um mauzão.

Superar a dependência emocional

A arte de se agradar

Pare o abuso! Defenda-se!

O fracasso do amor.

O método JD

Don´t Be a Good Boy! Be a Badass

Complicated girls

The Art of Pleasing Yourself

Duro y Sinvergüenza

Mestre en sedução

JD Method

The Failure of Love. The Trap of Serious Relationships

Master in Seduction

A. S. X. Advanced. Seduction. X

Women. Love. Sex

How to Become a Real Man. Be an Alpha Male

Attract Women with Masculinity

JD Absolut Seductión

Understanding Women

The Life of the Shameless and Charming Seducer.

The Art of Toughness

Tough and Shameless

Überwindung der Emotionalen Abhängigkeit

Maître en séduction

Schrecklich Attraktiv

Surmonter la Dépendance Émotionnelle

L'art de la dureté

Die Kunst der Zähigkeit

Hör auf, ein guter Junge zu sein, sei ein böser Junge

Assez D'être un Bon Garçon ! Sois un Mauvais Garçon.

Die Kunst, sich Selbst zu Gefallen

Dur et sans Vergogne

Hart im Nehmen und Schamlos

L'art de se Plaire à soi-Même

Das Scheitern der Liebe

L'échec de L'amour.

Meister der Verführung

Die JD-Methode

Maestro di Seduzione

Terriblement Attrayant

La Méthode JD

Capire le donne

Compreendendo as Mulheres

Comprendre les Femmes

Die Frauen Verstehen

Les Filles Compliquées

Komplizierte Mädchen

JD Séduction Absolue

La Vie du Séducteur Charmant et sans Vergogne

Les Femmes. L'amour. Et le Sexe.

Mâle Alpha

S.A.X.

V.F.X.

Donne. Amore. E il sesso.

Ragazze Complicate

Superare la Dipendenza Emotiva

Seduzione. Avanzata. X.

Dark Seducción

Il Fallimento Dell'amore.

Il Metodo JD

Alphamännchen

Atrair Mulheres com Masculinidade
Attirare le donne con la Mascolinità
Attirer les Femmes par la Masculinité
Mit Männlichkeit Frauen Anziehen
Frauen. Liebe. Und Sex.
L'arte di Piacere a se Stessi
Mulheres. Amor. E Sexo.
JD Seduzione Assoluta
JD Absolute Verführung
JD Sedução Absoluta
Das Leben des charmanten, schamlosen Verführers
Smettila di Fare il Bravo Ragazzo! Essere un Cattivo Ragazzo.
La Vita del Seduttore Affascinante e Spudorato
A Vida do Sedutor Encantador e sem Vergonha
Macho Alfa
Uomo Alfa
Séduction 5.0
Verführung 5.0
Seduzione 5.0
Duro e Senza Vergogna
Duro e Sem Vergonha
L'arte della Durezza
A Arte da Dureza
The Fool's Book
Das Buch der Dummköpfe
Il Libro dei Pazzi
O Livro do Tolo
Dark Seduction
Dunkle Verführung
Sedução Escura
Dark Seduction
Seduzione Oscura
Le livre du fou

Como materializar lo que deseas con el fxxxxx power

Como materializar o que você quer com o Fxxxxx Power

El ángel Sex-terminador

El seductor vampiro

O Vampiro Sedutor

Sex-Terminating Angel

The Vampire Seducer

How to Materialize What You Want With The Fxxxxx Power

El camino del maestro

Il vampiro seduttore

O camiño do mestre

La via del maestro

Der verführerische Vampir

Le sedusant vampire

Der Weg des Meisters

La voie du maître de la séduction

The Way of the Master

Come materializzare ciò che si desidera con il Fxxxxx Power

Wie Sie Ihre Wünsche verwirklichen können mit dem Fxxxxx Power

El método EDP

O método EDP

The EDP method

About the Author

Español.

Soy un hombre vividor y divertido que busca el lado bueno de las cosas siempre.

Mi experiencia es el campo de las relaciones personales y de la seducción. Por eso tras dedicarme larguísimas décadas a ello, quiero trasmitir mis conocimientos. Para que las nuevas generaciones tengan unos conceptos que les den una ventaja competitiva sostenible y poderosa en el campo del amor.

Quiero ayudarte a a conseguir tus metas.

Portugués.

Sou um homem animado, e divertido, que sempre procura o lado bom das coisas.

Minha experiência está no campo das relações pessoais e da sedução. É por isso que, após décadas de dedicação a ela, quero transmitir meus conhecimentos.

Quero ajudá-los a alcançar seus objetivos.

Inglés

I am a lively and fun man, who always looks for the good side of things.

My experience is in the field of personal relationships and seduction. That is why, after decades of dedicating myself to it, I want to pass on my knowledge. So that the new generations have concepts that give them a sustainable and powerful competitive advantage in the field of love.

I want to help you achieve your goals

Français Je suis un homme vif et drôle qui cherche toujours le bon côté des choses.

Mon expérience se situe dans le domaine des relations personnelles et de la séduction. C'est pourquoi, après m'y être consacré pendant des décennies, je veux transmettre mes connaissances. Pour que les nouvelles générations disposent de concepts qui leur donnent un avantage concurrentiel durable et puissant dans le domaine de l'amour.

Je veux vous aider à atteindre vos objectifs.

www.ingramcontent.com/pod-product-compliance
Lightning Source LLC
Chambersburg PA
CBHW052101150726
48002CB00002B/986